신「부인소학」

비포어 웨딩

Before Wedding

노희상 지음

BOOK STAR

비포어 웨딩

Before Wedding

초판 1쇄 인쇄	2008년 10월 10일
초판 1쇄 발행	2008년 10월 15일
지은이	노희상
펴낸곳	Book★Star
펴낸이	박정태
출판등록	2006. 9. 8. 제 313-2006-000198호
주소	경기도 파주시 교하읍 문발리 파주출판단지 500-8 광문각출판사
전화(代)	031)955-8787
팩스	031)955-3730
E-mail	Kwangmk@unitel.co.kr

© 2006, Book★Star
ISBN 978-89-959637-6-0   03040

정가	12,000원

잘못 만들어진 책은 바꾸어 드립니다.

사랑하는 나의 딸아!
너의 새로운 삶, 결혼을 앞두고
아버지는 두렵고 설레고 행복하다.

무엇을 주어야 하나, 망설이다가
침침한 눈으로 시간을 엮어
가슴으로 저며 이 글을 썼다.

늘 곁에 두고 네 부모 보듯 하고
사람과 세상과 일을 사랑하며
행복한 역사를 만들어 나가거라.

목차

Before Wedding

1. 혈육의 장

부모 자식은 하늘이 맺어준 천륜이고, 부부는 거기에 사랑이 더하여 맺어진 인륜이다. 세상 어느 부모인들 자식의 행복을 빌지 않는 사람 있으랴. 늙은 아버지도 딸을 위해 침침한 눈으로 촛불을 켜고 기도의 붓을 든다.

이제야 밝히는 아버지의 속마음

사랑하는 딸아!

세상의 모든 부모는 자식의 결혼을 앞두면 허둥댄단다. 괜히 마음이 급하고 초조하고 무언가 허탈하여 말수가 적어지고, 혹은 자주 빈 하늘을 바라보게 된단다. 뭐랄까. 뭔가 아주 중요한 것을 누군가에게 빼앗기는 것 같은 그런 심정, 그렇다고 도둑맞았다고 생각하지는 않지만 아무튼 억울하다는 느낌을 지울 수 없는 것이 아들딸을 시집 장가보내는 부모의 심정이란다.

하지만 모든 생명체는 태어나고 자라서 또 다른 생명을 태어나게 하곤 스러지는 자연의 이치에서 벗어날 수 없는 것. 자연은 참 무섭고 정직한 법이다. 풀벌레에서부터 거대한 코끼리까지, 아니 박테리아 같은 미생물에 이르기까지 모든 생명은 '태어남'에 이어 '자람'과 '이음'이 있는 데, 그 '이음' 의 끈이 결혼이라는 것이란다.

혈육血肉이라는 인연

우리 부녀는 하늘의 도우심인지 전생의 인연인지 아무튼 천륜으로 부모 자식이 되었다. 이제 30년 이상을 공들여 키운 네가…아니다, 내가 키운 건 10대까지라고 하는 게 좋겠다. 그 다음은 네가 자랐으니까. 아무튼 부모 된 입장에서는 네가 곧 내 곁을 떠난다 생각하니 영영 먼 길을 떠나는 것 같아 서운하구나. 그래봐야 하늘 아래 이 땅에서 살 텐데. 기껏해야 지구를 떠나지 못할 생명체들인데, 뭐가 그리 아쉬운지 모르겠다. 회자정리會者定離란 부모 자식 간에도 통용될 수 있는 말인지 잘 모르겠다만, 이제는 흡족한 마음으로 너를 떠나보내려 한다. 너 만의 세상, 비전과 희망의 세상으로 말이다. 떠남 뒤엔 공허가 자리하겠지만, 그 공허 역시 소중한 존재라, 고마운 마음을 안고 늘 너를 그리워할 것 같다.

아버지 된 도리를 다하지 못한 자책감도 남아 있고, 너만큼은 부모 세대와는 다른 더 큰 보람과 행복의 세상에서 살게 되기를 바라는 간절한 염원 때문에 이런 글이나마 써서 선물로 주고 싶구나.

아니, 하도 험하게 살아온 세월이어서 너희한테는 그런 비극과 슬픔이 다가오지 말라는 기도의 염원을 담아 글을 쓰는 지도 모른다.

너는 생명 창조의 우주

소중한 내 딸아!

너는 이 세상에서 가장 소중한 사람인 동시에 새로운 생명을 잉태하는 하늘의 사자使者이다. 그리하여 인류와 겨레가 역사를 이어가도록 생명의 끈을 이어주는 거룩한 존재임을 잊지 말아라. 생명을 빚는 일이야말로 세상에서 가장 성스런 일이란다. 그러니 결혼의 첫째 의미는 생명의 잉태라는 점을 잊지 말아라.

이 세상에서 어른이 할 수 있는 가장 큰 예술창작 활동은 아이를 낳아 기르는 것이다. 한 번밖에 없는 젊음을 아이에게 얽매여 억울하게(?) 희생하라는 것이냐고 항의하지 말아라. 하늘이 젊은 부부에게 내린 소명이 있다면 그중 제일은 아이를 낳아 잘 키우는 것이니까. 이제야 고백한다만 나도 너희 남매를 키우면서 힘든 때도 많았고, 조금은 억울하다는 생각을 한 때도 있었단다. 하지만 네가 이제 부모가 될 위치에 다다르니 이보다 더 큰 보람과 기쁨이 없구나.

그리고 결혼에 대한 생각을 어른스럽게 다듬어주었으면 한다. 결혼이란 전혀 모르는 남녀의 결합이다. 그 결합은 육체적인 것만이 아니라 정신과 물질 등 모든 것의 융합이다. 물질적인 결합이 아니라 정신적 융합이어야 한다고 생각한다. 결혼은 곧 사랑의 결실이다. 혹자는 결혼을 사랑의 무덤이라고 안타까워하는 사람도 있더라만 그것은 호

사가의 입방아겠지. 사랑의 꽃은 반드시 열매를 맺는 법. 젊음의 꽃은
화사하게 피어 결혼이라는 열매를 맺으며 더 성숙하는 거란다.

참 사랑의 시작

우리는 너무 쉽게 사랑을 입에 올리고 사랑 타령을 하고 사랑싸움을
한다. 또 어느 것이 진짜 사랑이고 가짜 사랑인지, 어느 것이 익은 사
랑이고, 설익은 사랑인지 생각해보지도 않고 사랑이란 제 입을 달게
해주는 '솜사탕' 쯤으로 여기는 사람이 있다. 하지만 사랑이란 늘 달콤
한 것이 아니란다. 인생이란 차가운 이성과 메마른 현실이 언제나 한
바탕 씨름을 하는 마당이듯이 사랑도 그와 같다. 좀 처절한 느낌이 들
지도 모르지만 그래서 사랑은 오묘하고 값진 것이란다.

사람을 사랑한다는 것의 출발점은 바로 그 사람의 모든 것을 이해하
는 것이다. 상대방을 이해하는 일이 사랑의 첫걸음이다. 나와는 전혀
다른 사람이라는 것, 그래서 성격도, 음식도, 말도, 태도도, 신앙도,
교양이나 신념조차도 나와 다른 사람이라는 것을 이해하고 받아들이
는 것이 사랑의 첫 단계란다. 그런데 많은 젊은이들이 이것을 잘 모르
고 있어서 답답하다. 나와 네 엄마는 나이 차이는 물론 고향도, 학력도
내가 대학과 대학원을 졸업한 것은 순전히 네 엄마의 공이다, 음식도, 취미도, 심지어
좋아하는 운동까지도 다르다. 그런데 참 묘하게도 잘살고 있지. 네가

봐도 전혀 어울릴 것 같지 않은 부조화가 우리를 조화롭게 만들어 준다. 마치 구절판 위에 햄버거를 올린 것 같지만 그래도 그 안에서 우리 부부는 39년을 살았다.

그런데 아버지는 결혼 30년이 지나서야 네 엄마를 이해했다. 그 전에는 모든 것을 내 모드로 바꾸려고 무진 애를 썼지만 결론은 허사였다. 20년 이상 다른 환경에서 자란 그녀의 가치관과 삶의 양식이 나와 다를 수밖에 없다는 것을 늦게야 인식한 것이다. 그래서 이제는 뭐든 이해하려 들고, 이해가 안 가는 부분이 있으면 이해를 구하고, 그 다음에는 포용한다. 이해를 못하면 오해가 된단다. 결혼생활에서 부부간의 오해란 대단히 위험한 폭약과 같은 것이어서 언제든 폭발할 위험성을 내포하고 있지. 상대방의 말과 태도와 행동을 이해한다면 그 다음에는 배려의 마음이 나오고, 포용하게 되고, 그리고 나서는 용서하게 되는 것, 그것이 사랑이라는 오묘한 호르몬의 역할이다.

사람은 누구나 태어나면서 부족하고, 살아가면서 잘못을 저지르기 마련이다. 신도 인간을 용서하는데 하물며 인간이, 그것도 사랑하기에 결혼한 부부가 서로를 용서하지 못한다면 그 사랑은 위선이라고 해도 틀리지 않을 것 같은데, 네 생각은 어떠냐. 그러니 서로가 다름을 인정하는 것이 곧 이해로 가는 지름길이요, 참사랑의 서곡이란다.

아무튼 이해와 배려와 포용과 용서를 거듭하면서 피드백이라고 해두자, 사랑이 익어가는 것이 부부란다.

늙은 거위의 꿈

나는 약 10여 년 전부터 너를 위한 글을 적어왔다. 내 딸이 시집갈 때쯤이면 아버지가 해주고 싶은 말을 하나로 묶어 건네주어야겠다는 생각을 오래전에 해왔단다. 편지글일지 수필일지, 아니면 훈계조의 타령이 될지 나도 모르겠다만, 한 가지 분명한 것은 너를 향한 애정이 한 자씩 글자로 바뀔 적마다 내 가슴은 한결 명료해지고 개운해진다는 점이다. 또 너의 앞날을 위해 기도하는 심정으로 글을 쓰면서 나 자신을 다스리는 데 큰 도움을 받았다. 그런 점에서 너에게 고맙다는 말을 하고 싶구나.

벌써 7년이라는 긴 세월을 너 혼자 외국 생활하느라 고생이 많은데, 가까이서 살가운 이야기를 많이 해주지 못한 아버지가 평소 해주고 싶었던 이야기를 정리해 보았다.

서론이 길어져 조금은 잔소리처럼 되었다만 '사랑과 결혼과 생명에 대한 퓨전 명상'이라 하면 어떻겠니.

Before Wedding

2. 사랑의 장

세상에서 제일 값진 것이 무엇일까. 그것은 모든 존재에 대한 사랑이다. 우리는 사랑을 받고 태어났고, 사랑을 받으며 자라났다. 그래서 나 아닌 남을 사랑하는 것은 사람이 치러야 할 숙명이요 의무이다.

사랑학 '결혼 원론' 강좌

1. 가슴으로 떠나는 여행

혼수婚需의 많고 적음이 행복과 불행을 좌우할까?

어여쁜 내 딸아!

어제는 홍익대 앞을 지나다가 많은 선남선녀들을 만났다. 완연한 봄 날씨에 여기저기서 벚꽃이 망울을 터뜨리듯 결혼식이 벌어지고 있더 구나.

너에게도 곧 찾아올 사랑의 축제인 결혼식장 부근을 지나면서 부모 로서 많은 생각을 했다.

결혼을 앞둔 사람 중에서는 당사자들이 생각이 가장 많을 줄 안다.

처음 만나 사랑을 속삭일 때와는 달리 현실적인 문제들이 하나씩 드러나기 때문이지.

참 귀찮은 일들이지만 어쩔 수 없는 통과 의례이니 슬기롭게 이겨내야 한다.

그중의 하나가 혼수 문제이다.

언제부터인가 우리나라 결혼풍속 가운데 가장 골치 아픈 문제로 자리 잡은 것이 바로 혼수이다. 누구네는 다이아반지를 얼마짜리 해주었다더라. 신부 집에서 온 예단이 산더미 같다더라. 아파트는 물론 자가용까지 마련해 주었다더라.

도대체, 결혼을 한 것인지. 아님 한몫 챙긴 것인지. 아들딸을 팔아 어른들이 장사를 한 것인지. 알 수 없는 말들이 우리를 스산하게 만든다.

배운 사람들이 더한다는 말이 있듯이 숫제 혼수는 이제 거래 품목이 되다시피 하였으니 딱한 일이다.

사랑하는 딸아!

눈치 빠른 너는 아버지가 무슨 말을 하려는지 이미 알고 있을 게다.

네 부모가 숟가락 두 개 들고 결혼했다는 이야기를 자랑하려는 것이 아니다.

가난은 절대로 자랑이 아니다. 또 처음 출발하는 신혼부부에게 양가 부모들이 살림도구를 장만해 준다는 것은 아름다운 일이요, 자식 사랑의 확인이라고 본다.

그래서 하는 말인데, 넌 신랑될 사람과 많은 이야기를 나누었겠지만 양가 부모에게 쓸데없는 돈을 지출하지 말아라. 반지 하나, 목걸이 하나, 시계 하나 드렸다고 행복할 것도 아니다. 그만한 것들은 다 이미 가지고 사는 분들이니, 너희들 살아갈 준비를 하여라. 양가 부모가 모두 서로 양해하도록 너희들이 힘을 써라.

가뜩이나 어려운 국내외 경제 사정이 아니냐.

너희들이 힘들여 모은 돈을 어른들 노리개 사드리는 데 낭비하지 말라는 이야기이다. 또 나이가 꽉 찬 젊은이들이니 부모에게 피해를 끼치지 말라는 당부이기도 하고.

양가 부모는 너희가 행복하게 오순도순 잘살기를 바랄 뿐, 예단을 보고 상대 집안을 평가하는 사람들이 아니다. 결혼 예물을 많이 장만하여 주고받는 것보다는 살아가면서 두 사람이 사랑하고, 어른들을 공경하는 태도를 지속하는 것이 더 중요하다.

그리고 신혼부부는 고도孤島에 떨어진 사람들이 아니다. 그러니 양가 어른들을 비롯하여 많은 친인척과 함께 살아가는 큰 섬을 만들 줄 아는 지혜를 가져라.

어른들의 생신과 양가의 중요 행사에 빠지지 말고 꼭 참석하여라. 가족은 너희를 위해 든든한 울타리가 되어 줄 것이니까.

신혼 시절엔 사랑의 탑을 높이 쌓아라

사랑하는 내 딸아!

오늘은 신혼 초의 부부 사랑에 대해 생각해볼까.

먼저 신랑이라는 사람을 어떻게 이해해야 할 것인지, 이미 많은 생각을 해보았으리라 믿는다. 지금 네 앞에 나타난 남자는 네 눈에는 진짜 완전한 '왕자'로 보일 것이다. 아니 그렇게 보여야 한다. 그래야 사랑이 익어갈 수 있으니까.

나와 네 엄마가 살아온 바에 의하면, 결혼 초기에는 신혼의 단꿈에 젖어 서로가 상대방에 대한 이해의 폭이 아주 넓어서 많은 부분을 양보하고 배려하며 산다.

네 엄마도 그랬다. 이 세상에서 네 아빠가 가장 잘 생기고 유능한 인물이라고 생각했단다. 지금은 다 속았다(?)고 눈을 흘기지만.

아무튼 신혼 초에는 신랑의 말 한마디나 행동 하나가 다 좋아 보이고, 그의 귀가 시간이 기다려지지. 아침에 헤어졌는데 점심때면 보고 싶고, 퇴근 무렵이면 버스정류장이나 지하철역 부근이나 대문 가에라도 나가 기다리는 것이 신혼 댁의 마음이지. 그런 아기자기한 정, 아니 애틋한 감정이 없다면 행복한 결혼생활이라고 할 수 없잖겠니.

이런 감정은 신랑도 마찬가지란다. 출근하여 일하면서도 흥이 나고 신이 나는 것은 신혼 신랑에게는 기본이지.

나도 그랬었다.

이 넓은 세상에 사랑하는 여자가 있다는 것, 그녀가 나만을 생각하고 사랑한다는 것, 그리고 가정이라는 사랑의 울타리를 만들어 놓았다는 것에 대해 자랑과 기쁨이 충만하여 매사에 신이 났었지. 상관이 뭐라 질책을 해도 싱글벙글 웃어넘길 수 있는 것도 모두 사랑의 힘이었단다.

그리움이라는 것이 연애시절과는 달리 좀 더 과감한 모습으로 너의 말과 행동을 감싸주는 시절이 신혼이란다. 그러니 신혼 때는 아름다운 사랑을 많이 하여라.

젊어서 부부간에 진짜 사랑의 탑을 잘 쌓지 못하면 시간이 흐를수록 후회한단다.

누구의 눈치도 보질 말고 둘이서 사랑하거라. 너도 신랑도 다 사랑받기 위해서 결혼한 것이 아니겠니.

결혼은 사랑의 완성이고, 결혼을 통하여 너흰 하나가 되었단다.

둘이 모여 하나가 된 것이 아니라 반쪽이 모여 완전함으로 바뀐 것이 '결혼이라는 하나' 이다.

다시 한 번 사랑의 실천에 대해 말해주고 싶다.

너는 이웃을 밝히는 사랑의 등불이요 구름이요, 다리이다.

너를 둘러싼 사람들, 크고 작은 공동체가 네가 있음으로 사랑의 분위기가 더 커지고 넓어지는 그런 사람이 되길 바란다.

상대방을 배려하면 내 마음이 기쁨으로 충만해진다

오늘이 경칩驚蟄이구나.

겨울잠을 자던 벌레들이 날씨가 풀리니까 놀래서 밖으로 나오는 날이란다. 경칩 일에는 개구리가 대표적인 생물로 등장하지만 겨울잠을 자는 동물이나 곤충은 잠에서 깨어나 새 삶을 시작하지.

사람도 마찬가지가 아니겠니? 겨우내 움츠러들었던 몸을 깨어나게 하는 것이 봄이니까.

봄이란 단어는 참 좋은 어감을 준다. '봄'이라, 뭔가를 본다는 것이 아니겠니? 날씨가 풀리니 일단 밖으로 나올 것이고, 밖에 나오면 겨우내 보았던 눈과 얼음 말고 새로운 세상이 펼쳐지는 것을 볼 수 있으니까. 그래선지 봄을 영어로는 도약跳躍으로, 퐁퐁 솟아오르는 샘물을 뜻하는 스프링spring이라 하는지도 모르지. 젊은 청춘들에게 봄은 사랑의 계절로 불리지. 그래서 한자나 중국어로도 춘春이라 하잖니. '춘' 자를 보면 많은 사람들이 햇볕을 맞으러 나온 형상 같구나.

잠에서 깨어난 동물들은 누구나 몸이 찌뿌듯하고 배고프단다. 그래서 태양과 물과 먹이를 찾지. 어디 동물이나 곤충뿐이겠니. 식물들도 새순을 틔우기 위해 경쟁을 하는 계절이 봄이란다.

내가 '봄타령'을 너무 많이 했나? 나에게도 아직까지 봄을 맞는 설렘이 남아있나 보다.

그런데 잠에서 깨어나 새로운 경쟁을 시작하는 봄에 꼭 들어맞는 말이 하나 있다. 그것은 배려配慮라는 가치이다. 배려라는 말은 '고생하는 아내를 걱정하는 남편의 마음' 이라는 의미를 담고 있는데, 지금은 모든 생명체에 대한 인정과 공경, 그리고 그들의 삶을 보장하는 넓은 의미로 사용하고 있지.

봄처럼 희망에 차 있을 내 딸아!

너는 살아가면서 많은 사람과 많은 생명체를 만난다. 지금까지도 그랬지만 결혼을 하게 되면 지금까지 만났던 사람들과는 달리 역사적으로 법적으로 또는 인간관계 면에서 참으로 다양한 사람들을 만나게 된다. 전혀 예상치 못한 인물들도 너에게 친인척이라는 관계로 맺어져 다가온단다. 이제껏 부모형제와 몇몇 친구와 스승에 한정된 너의 '사람 세상의 폭'이 우선 넓어지게 되지. 그들 역시 너를 만나는 순간 새로운 세상을 체험하게 된다. 너와 마찬가지로 그들도 당혹감을 가질 수가 있다. 특히 외국인과 결혼하면 제도와 문화와 가계家系 등이 생소한 이역의 '사람 세상'에 접함으로써 더 큰 혼란과 어려움이 가중되지.

그래서 말인데, 가급적이면 상대편을 배려하는 마음으로 그들을 대하거라. 말을 하거나 들을 때, 음식을 먹거나 대접할 때, 길을 걸을 때, 물건을 살 때, 버스나 지하철이나 택시를 탈 때 조금 양보한다는 마음으로 남을 배려하여라. 특히 외국인을 대할 때, 그중에서 나이든 분들에게 이런 배려의 마음씀씀이는 너를 한층 돋보이게 하는 좋은 태도란다. 또 그런 행위를 통해서 네 마음의 폭이 깊어지고 넓어지기도 한다. 배려는 가식에서 나오는 것이 아니다. 진정한 사랑이 담겨 있는 배려라야 상대방을 감동시키고, 너의 인품을 높이고, 네가 바라는 바를 더 쉽게 효과적으로 이룰 수 있는 기회를 준단다.

아버지의 경험에 따르면, 네가 많이 만나는 중국의 젊은이들의 인식과 태도를 볼 때 아직까지 배려와는 조금 거리가 있다고 생각한다. 거기에는 사회주의적 경쟁이 낳은 이상한 평등 논리, 한 집에 하나씩만 낳는 탓에 아이들을 황제처럼 떠받들며 키운 육아의 잘못도 내재해 있다고 본다. 하지만 그들도 나이가 차면서부터는 점점 공동체 논리와 윤리를 존중하게 된단다. 그러니 중국 젊은이들이 조금 버릇없이 군다고, 남을 배려하지 못하는 행동을 한다고 그들을 나무라거나 그들과 닮으려 해서는 안 된다. 너는 누가 뭐래도 교양 있는 한국의 딸이다. 그들을 배려하는 면모를 보임으로써 그들의 마음에 더 가까이 다가갈 수 있다는 것, 너는 이미 체험으로 알고 있을 것이다.

너에게 스트레스를 주는 게 아닌가 모르겠다만 '배려'라는 가치가 곧 인품과 덕망을 한눈에 드러나게 한다는 점을 다시 한 번 생각해보라는 말이니 참고해 주었으면 한다.

결혼은 이벤트가 아니다

오늘은 좀 무거운 이야기를 해보련다.

우리나라 이혼율이 14%를 넘어 아시아에서 첫째라고 한다. 100쌍이 결혼하면 그중 15쌍이 이혼하는 비율이니 놀랄만한 일이다. 오죽하면 가정법원을 '이혼공장'이라고 하겠니. 하도 이혼 이야기가 들끓는 사회이다 보니 이혼이 별일이 아닌 것으로 생각하는 경향이 일반화되고, 까짓것 여차하면 갈라설 수 있다.'라는 각오를 다져 물고 사는 사람이 늘어날까 두렵다.

이제 우리 사회는 70대의 황혼 이혼에 이르기까지 이혼이 전 세대에 걸쳐 이상한 경향으로 나타나고 있다.

그런 탓인지 이혼을 정말 밥 먹듯 하는 사회가 되었다. TV드라마는 온통 이혼과 불륜 일색이라고 해도 지나치지 않을 정도로 가정 파탄을 주제로 장사하여 톡톡히 재미를 보고 있다. 남의 가정과 행복이 무너지는 상품을 만들어 판다니 그것이 과연 진정한 문화 상품일까.

사랑의 열매는 곧 결혼이요 출산이다.

결혼에 이른 사랑은 정말 두 사람의 일생에 가장 성스러운 가치를 지닌다. 이 말은 두 사람이 죽고 못살만큼 사랑하기 때문에 결혼을 하고 아이를 낳는다는 뜻이다. 물론 결혼이 신의 성실을 원칙으로 하는 일종의 계약이라는 것을 부인하지는 못한다.

다만 다른 계약처럼 이익을 추구하기보다는 사랑이라는 자기희생을 전제로 한 계약이라는 점에서 숭고하고 아름다운 계약이다.

사랑은 어디서 오는가.

그것은 상대방에 대한 바른 이해에서부터 온다. 나와는 전혀 다른 사람이라는 것을 이해하는 것이 사랑의 기초이다. 이해를 통하여 포용력이 생기고, 그 포용력이 용서로 승화되며 사랑이 꽃 피는 것이다. 결혼은 사람의 일생에 있어서 출생과 사망 다음으로 중요한 것, 사랑은 아름다운 감성이지만 결혼은 성숙한 이성이다. 그리고 출생과 사망을 되돌릴 수 없듯이 결혼도 되돌릴 수 없는 역사이다.

왜 되돌릴 수 없는 것이냐. 결혼은 지고지순한 사랑의 만남이요 생명 창조의 역사이기 때문이다.

결혼의 꿈을 이룬 사람들이 어느 날 '사랑이 식었다.' 라고 말한다면 그 사랑은 처음부터 질이 낮은, 계산된, 혹은 진실하지 못한 사랑이었다는 말과 동의어이다.

그런 사람들은 결혼을 하나의 이벤트쯤으로 생각한다.

살아가면서 나타나는 수많은 이벤트— 사람들 모아놓고 여는 각종 파티 중의 하나—로 생각하기 때문에 리셋 버튼을 누르고 싶어 한다. 컴퓨터 부팅 속도가 조금 느리다고 자주 재부팅하듯이, 살아가면서 조금 짜증이 난다고 하여 결혼생활을 파기하려 한다면 그것만큼 위험하고 철없는 생각이 어디 있을까.

이혼리셋은 본인과 상대방, 그리고 부부가 낳은 생명을 리셋 하고자 하는 비인간적인 짓이다. 도저히 할 수 없는, 해서는 안 되는 일인데도 철면피하게 저지르고 후회하는 것이 인간의 어리석음이다.

자기들이 낳은 아이를 다시 원상 복귀시켜 태어나지 않은 생명으로 만들 수 있는 재주가 있는가. 그것은 100% 불가능한 일이다. 그런데 그 불가능을 알면서도 남의 인생헤어지는 상대와 자식들과 운명을 망가뜨리려 든다면 그는 이미 이성적 존재는 아니다.

지금 이 시간에도 사랑을 승화시켜 결혼으로 골인하려는 사람은 행여 리셋 버튼을 생각하지 말아야 한다. 주위에서 보면 한번 리셋에 맛을 들이면 일종의 '리셋증후군'에 빠져 어떤 상대방도 만족하지 못하여 헤매는 사람을 본다.

결혼을 앞둔 너에게 남의 일 같지 않아서 조금은 두려운 감정으로 말해 둔다.

2. 사랑의 울타리, 가정

가정을 진정한 '인간 학교'로 만들어라

가정이란 무엇일까. 수많은 학자들이 가정의 정의를 논했지만 내가 보기에는 가정이란 '가족이 만들어내는 절대 사랑과 절대 행복의 공간'이다. 그런 의미에서 사랑의 결실로 맺어진 부부가 만드는 최초의 공동체인 가정은 진정한 사랑의 젖과 꿀이 흐르는 '지상의 천국'이어야 한다.

모든 생명 있는 것들은 다 사랑을 하고, 가정을 이룬다. 날짐승도 들짐승도 심지어 곤충이나 식물들도 모두가 집을 짓고 산다.

그래서 '집'이라는 단어는 건물이라는 외형적 의미와 함께 따뜻한 정이 흐르는 '모둠 마당'이라는 내면적 의미도 함께 지니고 있단다. 따라서 집은 곧 '둥지'이다. 둥지를 튼다는 말은 가정을 만드는 절절한 노력의 표현이 아니겠니.

한 주먹도 안 되는 가냘픈 새를 보자.

제 한 몸과 제가 낳을 알들을 뉘일 둥지를 만들기 위해 수많은 나뭇가지와 부드러운 풀, 그리고 젖은 흙을 수삼일 혹은 수십일 동안 입에 물고 오르내리며 높은 나무 위나 절벽에 둥지를 튼다. 바람에 날아가지 않도록, 폭풍에도 떠내려가지 않도록 튼실하게 엮기 위해 온갖 지혜를 다 짜낸다. 실패하면 열 번이고 백 번이고 다시 집짓기를 한다.

새들의 집짓기를 보노라면 자연히 경건해진다. 그리고 알을 낳아 부화하고, 새끼를 키우기 위해 노력하는 부부 새들의 헌신과 열정에 고개가 숙여진다. 또 한 가지는 아기 새가 다 자란 어느 날 아주 매정하게 떠나보내는 부정과 모정이 새삼 교육과 독립이라는 의미가 새롭게 반추된다.

우리는 가정 안에서 감사와 헌신의 날줄과 씨줄을 엮어, 빛깔 고운 천을 짜서 행복이라는 옷과 이불을 만들어 입고 덮는다. 그러므로 가정이란 부부가 지상에 만들 수 있는 천국이다. 어느 누구도 침해할 수 없고, 간섭할 수 없는 가족들만의 천국이다. 하지만 어떤 집을 보면 천국이 아니라 차라리 지옥과 같은 집도 있다. 누구 때문인가. 어째서 어느 집은 천국인데, 어떤 집은 지옥이란 말인가. 이미 다 아는 사실이지만 가정을 천당으로 만드는가, 아니면 지옥으로 만드는가는 부부와 가족들의 노력 여하에 달렸다.

사람들은 다들 제 가정이 행복한 천국이 되기를 바란다. '죽어서 천국 가려 말고 살아서 가정을 천국으로 만들도록 노력하라.' 라는 말은 행복한 가정의 중요성을 설파한 진설眞說이다. 그런데 오늘날 우리 자녀들이 사랑의 '둥지'에서 벗어나는 현상이 나타나기 시작하고 있다.

이른바 가출이라는 일탈 현상이 비일비재하게 일어나고 있잖니. 오죽
하면 자녀들이 제 집을 '집구석'이라고 조소하듯 표현할까. '집'이 못
되는 '집구석'에는 아이들뿐이 아니라 식구 누구나 돌아가기 싫을 것
이다. 돌아가기 싫은 곳, 간섭만 있는 곳, 사랑 대신 잔소리와 회초리
만 있는 곳에 가기 싫다는 아이들, 그리고 가정을 외면하고 나도는 어
른들을 '집으로' 돌아오게 할 방법은 없는 것일까. 그 책임은 부모의
사랑의 밀도에 있다고 본다. 그래서 결혼은 쉬워도 부모 되기는 어려
운가 보다. 이제 결혼하면 당연히 부모가 되기 때문에 나의 반성문을
곁들여 써보았다.

모정母情은 세대를 뛰어넘는 공통 에너지

엄마는 그래도 되는 줄 알았습니다.
하루 종일 밭에서 죽어라 힘들게 일해도

엄마는 그래도 되는 줄 알았습니다.
찬밥 한 덩이로 대충 부뚜막에 앉아 점심을 때워도

엄마는 그래도 되는 줄 알았습니다.
한겨울 냇물에서 맨손으로 빨래를 방망이질해도

엄마는 그래도 되는 줄 알았습니다.
배부르다, 생각 없다, 식구들 다 먹이고 굶어도

엄마는 그래도 되는 줄 알았습니다.
발뒤꿈치 다 헤져 이불이 소리를 내도

엄마는 그래도 되는 줄 알았습니다.
손톱이 깎을 수조차 없이 닳고 문드러져도

엄마는 그래도 되는 줄 알았습니다.
아버지가 화내고 자식들이 속 썩여도 끄떡없는

엄마는 그래도 되는 줄 알았습니다.
외할머니 보고 싶다! 그것이 그냥 넋두리인 줄만

한밤중에 자다 깨어 방구석에서
한없이 소리 죽여 울던 엄마를 본 후론

아!……
엄마는 그러면 안 되는 것이었습니다!'

－〈엄마는 그래도 되는 줄 알았습니다〉－

위에 적은 시는 심순덕 시인의 글이다.

이 시를 소리 내어 읽으며 나는 우리 어머니, 아니 네 할머니의 모습을 꼭 닮은 상이 떠올라 속으로 울었다. 한국의 어머니상을 이토록 적나라하게 묘사한 글을 일찍이 읽은 일이 없기 때문이란다.

60, 70년대에 배곯아 본 사람들은 아마 이 시를 읽으며 눈시울을 붉히게 될 게다.

이제는 저세상에서 편히 쉬고 계시는 어머니, 칠 남매와 열세 명의 손주, 그리고 다섯 명의 증손주를 굽어보시며 지금도 뭘 도와줄까 고심하시는 모습이 떠오르는 구나.

이제 점점 늙어가는 네 엄마는 할머니를 제일 많이 닮았다. 어쩌면 이 땅의 며느리들은 욕하고 흉보면서도 시어머니를 닮는가 보구나.

힘들수록 일어서는 억척스런 생활태도도 그렇지만 남편과 자식을 챙기는 희생이 가슴을 저리게 한다. 늦은 밤이면 우리 딸이 저녁이나 제대로 챙겨 먹나 걱정하다가 나 몰래 국제전화를 하지. 나는 알면서도 모른 체하고….

생각해보면 네 엄마는 나에게는 성녀이다. 갓 스물에 시집 와서 험한 고생을 하며 까다로운 남편을 잘 이끌어 괜찮은 위인으로 만들었고, 자식 둘을 낳아 성공시켰잖니.

다만 성질이 좀 그악스러워 한번 화나면 물불을 가리지 않는 다혈질이 네 할머니와는 좀 다른 점이지만.

그런데 네 언니올케와 너는 심순덕 시인이 묘사한 어머니상과는 영 다르다.

아마 신세대라서 그런지는 모르겠지만, 모정은 세대와 무관해야 한다는 나의 생각과 많이 달라 솔직히 당혹스럽다. 그렇다고 너나 네 언니를 채근할 생각은 없다.

시대에 맞게, 한 집안의 태양안해으로서 나름대로의 역할을 익히고 있겠거니 하기 때문이다. 그리고 제일 중요한 것은 너희들이 낳은, 혹은 낳을 딸들이 어떤 어머니가 될 것을 바라는 것인지 곰곰 생각하며 행동하고 있으리라 생각한다.

생각 없는 며느리, 멍청한 딸이라고는 한시도 생각하지 않는단다.

인간 성정性情의 균형 조화는 가정에서 만든다

사랑하는 딸아!

오늘은 정신의 본질에 대해 내 생각을 말해볼까 한다.

인간은 육체와 정신마음으로 이루어진 존재이지만, 정신이 육체를 움직인다는 관점에서 볼 때 육체보다는 정신이 더 본질적이라고 생각한다.

그렇다면 정신의 근원은 무엇인가. 그것을 맹자는 성性이라고 주장했다. 성性이라는 것은 마음 심心자에 날 생生자가 붙어서 형상을 이루

었듯이 그 뜻은 '살려는 마음', 곧 '살려는 의지'를 말한다. 이 의지야말로 자기의 육체를 계속 살아오도록 유도한 가장 근원적인 존재가 아니겠니.

그러나 나는 이러한 성性은 단순한, 어쩌면 동물적인 삶의 본능적 욕구일 뿐이라고 생각한다. 그냥 사는 것은 본능적, 동물적인 삶에 불과하지. 따라서 사는 것이 목적이 아니라, 어떻게 사는 것이 좋은가 하는 방법 면에서 볼 때 '푸르게 정의롭게 사는 것'이 중요하다고 본다.

'푸르게 산다.'라는 말을 글로 표현하면 정情, 즉 마음 심心자에 푸를 청靑을 합한 글자가 생각난다. '푸르게 산다.'라는 말은 의롭게, 또 바르게 산다는 뜻이기도 하지. 그러니까, 성性은 정情에 의해 다스려져야 참다운 인간적 삶이 가능해진다. 이것이 곧 성정性情이라고 생각하는데, 네 생각은 어떠하냐.

생각이 깊은 딸아!

인간의 이성이 발달하게 되면 사람은 감성과 감정이 퇴보하기 쉽다. 반대로 감성이 너무 발달하면 매사를 비합리적으로 처리하려 든다. 이성은 논리를 제일로 치기 때문에 논리가 서지 않는 일이나 사물에는 존재 가치를 부여하려 하지 않는다. 하지만 인간 세상에는 논리나 이성만 가지고는 설명할 수도 없고, 또 그래서는 안 되는 분야가 너무나 많단다.

쉬운 예로, 남녀 간의 문제만 해도 도저히 이성적으로 보아서는 결합할 수 없는 사람들이 결혼해서 잘살고 있는 반면에, 잘 어울릴 것 같은 부부가 오히려 더 싸우고, 쉽게 헤어지는 경우도 있거든. 쉽게 말하여 이성이란 감성의 무딘 촉을 날카롭게 하거나 발달시키는 소임을 담당한다고 생각한다.

이성은 감성보다는 덜 원초적이요 후천적인 다듬는 과정을 통해 성숙하지만, 그 안에도 감성의 끄나풀이 잠들어 있는 것이 인간이다.

인간의 발전에 대한 원초적인 문제를 생각해 보자꾸나.

'인간은 과연 발전하는 존재인가, 아니면 어느 정도 발전하게 되면 멈추어버리는 존재인가. 발전한다면 어디까지 나아가는가. 아니 그보다 더 중요한 것은 과연 발전이란 무엇인가. 인간은 정신적인 존재라고 하는데, 그렇다면 인간의 정신이 발전해야 인간의 발전이 가치가 있다는 말인가. 그리고 인간의 정신은 어떻게 발전하는가.'

나는 이런 문제를 두고 참 많이 고민했는데, 아마 내 지성이 무딘 때문일 것이다.

다만 인간의 발전은 '인간성의 발전'으로 설명할 수 있다고 본다. 인간이 태어날 때는 육체가 미숙하듯이 정신 역시 미숙한 상태이다. 인간의 두뇌란 텅 빈 백지상태여서 1억 4,000만 개의 대용량 컴퓨터 크기의 가능성만을 가지고 태어나는 것이 인간이라고 한다. 인간이 지닌

지식뿐만 아니라 정서 역시 마찬가지이다. 태어날 때는 선악을 구분하지 못하고, 해야 할 일과 하지 말아야 할 일을 제대로 구분하지 못하는 까닭에 인간의 성정 역시 낮은 상태일 것이다.

이처럼 텅 빈 신생아의 가슴_{감성}에 가장 먼저 채워 주어야 할 것은 무엇일까. 그것은 바로 인성이다. 인간으로서의 품성과 함께 보다 높은 품질의 정서를 갖도록 이끌어주어야 한다는 말이지.

인간의 발전이라는 말은 '인간성을 바르고 풍부하게 길러 그로부터 보람과 행복감을 자체 생산해 낼 수 있는 것'을 의미한다. 그런 마인드를 밖에서 주입해 주는 것이 아니라 안으로부터 우러나오는 깨달음을 체득할 수 있도록 지도하는 것, 그것이 바로 인간의 발전을 조력하는 어른들의 소임이 아니겠니.

인간성이 결핍된 지식은 사악해지기 쉽고, 인간성이 결핍된 행동은 위험하기 짝이 없다. 따라서 인정_{人情}은 인간의 사고와 행동의 밑바탕이 된다. 어른들이 젊은이를 평할 때 항용 말하는 '인정머리'가 바로 여기에 해당한다.

그렇다면 인간성을 향상시키기 위한 방법으로는 무엇이 있을까. 간단하게 정리해 보면 다음의 세 가지이다.

첫째, 지식의 주입과 탐구 능력의 신장

둘째, 정이 넘치는 마음을 갖도록 자각시키는 일

셋째, 올바른 행동을 할 수 있도록 규제와 상찬_{賞讚}을 주는 것 등이다.

그렇다면 이런 활동을 담당하는 교사는 누구이며, 그 학교_{배움터}는 어디인가. 일차적인 교사는 그 아동의 부모이며 그 학교는 가정이어야 한다.

모름지기 인간의 양육에 대한 책임이란 일평생을 통해 지속된다. 그런 점에서 '가정 학교'는 인간 감성의 충실한 발달을 책임지는 최고 기관이다. 학교나 직장 등에 못지않게 그 중요도에 있어서 거의 절대적인 것이 가정이다.

아버지가 자주 너에게 말해준 '가정 학교론'을 조금은 이해하겠지?

아침밥을 차리는 것은 엄마의 숭고한 권리이자 의무이다

사랑하는 내 딸아.

아침밥은 잘 챙겨 먹은 거니?

오늘도 아침 밥상에 앉아 우리 부부는 네 걱정을 했단다.

워낙 아침잠이 많은 너인지라, 제때 밥은 먹고 다니는지, 혹여 '아점'_{아침 겸 점심}으로 때우지는 않는지 걱정이란다.

사람이 살아가는데, 아니 생존과 건강을 위해 육체적으로 가장 중요한 것 세 가지를 들라면 뭐겠니. 그것은 균형 잡힌 식사와 깊은 잠과

적절한 운동이지.

이 세 가지가 균형을 잡지 못하면 건강이 깨어지기 마련이란다.

아주 초보적인 이야기를 네게 해주는 이유는, 나이 들면서 그리고 부모 곁을 떠나 멀리 있으면 아무래도 이것들을 제대로 지키지 못하여 건강을 잃는 경우가 많기 때문이란다.

너도 느낄는지 모르겠다만, 네가 일 년에 두어 번 귀국하면 우리 부부가 가장 먼저 느끼는 것은 네가 건강을 많이 잃었다는 점이다.

부모란 자식의 일거일동의 문제를 본능적으로 알아챈단다.

그래서 집에 있는 동안 엄마는 너에게 지극정성을 다하지. 잘 먹이려고 말이다.

공부하는 사람에게 중요한 것은 육신의 건강이다. 몸이 건강해야 뇌 활동이 활발해지거든. 그러니 어떤 일이 있더라도 아침밥은 챙겨 먹어라. 아침밥은 공부하는 사람, 뇌를 많이 쓰는 사람에게는 뇌에 필수적인 영양 공급원이다.

만일 어제 저녁을 먹은 뒤 다음날 점심을 먹는다면 네 위는 무려 18시간이나 공복 상태로 있게 된다. 위의 입장에서 보면 아주 잠을 푹 자는 셈이지. 아니, 언제나 음식이 들어오려나 고대하다가 지쳐버린 상태지. 그러다가 점심때 한꺼번에 음식이 물밀듯 들어오면 위로서는 피곤한 일이 아니겠니? 그리곤 6시간 뒤에 또 음식이 들어오고, 그 다음에 18시간이나 쉬고….

지금 아침밥을 먹는 버릇을 기르지 않으면 나중에 시집가서 신랑과 아이들 아침밥을 차려줄 수 있겠니? 혹여 아이들이 아침밥을 굶고 학교에 간다고 생각해 보거라. 한참 커 나가야 할 아이들이 영양 불균형으로 몸이 얼마나 쇠약해지겠니. 또 배가 고픈데 공부가 제대로 되겠니? 그러니 어른을 중심으로 생각하지 마라. 아이들은 아침을 굶으면 평생 건강을 잃어버린단다.

또, 아무리 생활패턴이 간편화되었다 해도 아침밥을 마른 빵 두어 조각과 우유 한 잔 혹은 커피 한 잔으로 때운다면 오전 일과공부는 하기 힘들단다. 신랑이 아내를 사랑한 나머지 곤히 잠든 아내를 깨우지 않으려고 혼자 빵조각이나 먹고 출근한다면 그것은 아내로서의 본분을 그르치는 것이다.

그러니 가급적이면 단백질과 곡물을 중심으로 된장국까지 곁들이면 금상첨화이지 아침 식단을 준비하여 먹는 버릇을 들여라.

요즘은 할인 매장에 가면 간편하게 아침식사를 할 수 있는 준비가 돼 있잖니?

하루 세끼 식사를 균형 있는 식단으로 차려서 먹는 것, 또 식구들을 그렇게 먹이는 것이 병을 예방할 수 있는 최고의 방법이란다. 특히 유아기 때부터 우리 음식을 제대로 먹여야 아토피성 피부병이나 감기 등에 안 걸린단다. 편의성만 좇느라 방부제나 첨가물이 많이 든 간편식을 많이 먹이면 아이는 병이 든다. 또 뚱뚱보가 되기 십상이지.

아이가 맨 처음 하는 말이 뭐겠니. 옹알이할 때부터 하는 말 중에서 가장 먼저 말문이 트이는 단어는 '엄마'와 '맘마'란다. 그만큼 먹는 것과 엄마는 불가분리의 관계라는 거겠지.

옛말에 약보藥補 보다는 식보食補가 낫고, 식보보다는 행보行補가 낫다는 말이 있단다. 약을 먹는 것보다 좋은 음식을 먹는 것이 더 좋고, 많이 걸어야 건강을 유지할 수 있다는 조상들의 지혜이지.

식사를 제때 하지 않으면 몸이 마르고, 위장이 약해져 항상 허덕이게 된다. 그런 체질에 보약을 먹어봐야 제대로 소화 흡수하질 못한다. 또 몸이 약해져서 움직이기도 귀찮아 걷기나 운동조차 싫어하게 된단다. 그러니 아무리 힘들고 바빠도 너부터 아침을 차려 먹는 습관을 들이거라.

그것은 미래의 가족을 위해 엄마 수업을 하는 기본이란다.

자식은 부모에게는 삶의 희망이다

추석날 제대로 음식이나 차려 먹었는지, 갑자기 네 생각이 더 나는구나.

객지에 나갔던 자식들이 고향집에 돌아오는 명절에는 모든 부모들이 그렇게도 기뻐한단다. 장성한 아들딸들이 손주들을 안고 고향을 찾을 때 부모는 삶의 보람과 희열을 느낀다. '고슴도치 사랑'이라 해도 전혀 개의치 않는, 아니 고슴도치 할배보다 더 깊은 사랑을 지니고 사는 것이 부모이다.

이 세상 어미치고 제 자식이 가장 소중하고 귀한 존재라는 것을 부정할 사람은 없다. 그래서 자신은 고생보따리 속에서 하루하루 버겁게 살고 있어도 자식 자랑하는 맛에 고생을 잊고 사는 것이 부모란다. 한마디로 자식은 부모에게 유일한 희망이다.

특히 고난을 벗 삼아 살아온 부모 세대들은 자기보다 똑똑하고 잘나고, 잘생긴 자녀들을 보는 것만으로 즐겁단다.

잘 입히지도 잘 먹이지도 못했는데 자식들이 남 못잖게 커준 것만으로도 부모는 고맙기만 하다. 또 너희 남매처럼 고액 과외는커녕 학원 문턱에도 가보지 못하고도 너희들이 원하는 대학에 합격하여 부모를 기쁘게 해주는 자식을 둔 우리는 행복하다.

그런데 내가 어렸을 적에 부모를 대한 태도를 곰곰 생각하면 참으로 후회스럽다.

못 배우고 키 작고 피부조차 까맣게 햇볕에 탄 부모를 남 보기에 창피하다고 피했던 기억이 있으니까 말이다. 심지어 밖에서 부모와 마주치거나 동행하는 것조차 꺼린 일도 있으니, 지금 생각하면 나는 참 불효막심한 자식이었지.

집짐승이나 길짐승조차도 제 어미를 타박하지 않는데, 만물의 영장이라는 인간이 그런 못된 심사를 가진 것은 아무래도 인간의 원죄나

천형天刑 때문인지도 모르겠다.

부모 입장에서는 누구 때문에 이런 몰골이 되었는지, 누굴 먹이고 키우느라 자신은 못 먹고 병들고 나약해졌는지, 정말 자식 앞에 털어놓고 속이 터져라 '꺼이꺼이' 울고도 싶지만 차마 자식들 가슴 아파할 새라 입을 숫제 다문다.

"늬들도 다 자식 키워봐라. 나중에 에미 맘 알겠지."

"내 자식이 원래 심성이 착한 앤데, 세상살이가 힘드니 그러겠지"

오로지 그 한마디를 입안에 우물거리며 마냥 서글픈데도 잊어버리려 드는 부모들이 많단다.

자식이 크면 부모가 되고, 부모가 늙으면 노인이 되고, 노인이 더 나이 들면 죽는 것은 자연의 이치인데, 그것을 깨닫기가 어려운 것이 사람이다. 그걸 깨닫고 나면 부모는 이미 돌아가시고 안 계시지.

부모들은 자식이 성공하여 행복하게 사는 것이 제일 큰 소망이란다.

자신은 고생스럽더라도 내 자식들이 여봐란듯이 살아가는 것, 그 속에서 삶의 보람을 이삭줍듯이 주워나간다. 반대로 희망의 덩어리였던 자식이 실망의 칼로 다가설 때 부모는 삶의 의미를 잃고 만다.

그래서 내가 얻은 결론은 이 세상에서 가장 큰 죄인은 '제 부모를 울리는 자식'이라는 것이다.

부모에게 불효하면 제 자식에게서 불효를 받는다

그리운 딸아!

어제 저녁에 별일 없었니?

지난밤 꿈이 하도 이상하여 새벽에 일어나 너에게 편지를 쓴다.

꿈은 현실과는 반대라고 했으니 별일 없었을 것이라 생각한다.

아마 TV연속극을 보고 잔 탓이겠지.

요즘 안방극장에는 온갖 사악한 일들이 많이 벌어지고 있기에 TV를 보고 나면 마음이 안 좋다. 네 어린 조카들이 그런 드라마를 볼까 걱정이 되고 한편으로는 무섭다.

아무리 돈과 물질로 사람 가치가 평가되는 세상이라고는 하지만, 그래도 문화예술만큼은 사람을 아름다운 곳으로 안내하도록 하는 것이 소명이 아닐까.

TV드라마도 분명 예술작품인데, 내용이 왜 그리 험한지 모르겠다.

그 드라마 중에서 잘못된 결혼을 한 남녀 이야기가 있다.

사랑을 배신하고 돈 많은 여자와 결혼한 남자, 그 남자를 우습게 보고 하대하고 윽박지르는 건방지고 교양 없는, 안하무인의 여자 이야기이다.

돈을 좇아 사랑조차 버린 남자도 잘못이지만 남의 애인을 돈으로 가로챈 여자도 문제다. 다분히 소설적인 이야기이지만 현실성이 있는 이야기여서 시청자들이 더 흥분하는 지도 모른다.

나는 드라마에서 버릇없이 천방지축으로 날뛰는 젊은 여자를 볼 때마다, 그렇게 키운 그녀의 부모와 할머니의 어긋난 사랑이 더 밉다.

요즘은 자식을 귀하게 키운답시고 아주 버릇없이 키운다는 말이 공공연하게 돌건만 어른들은 대책을 세우는 데는 무관심이라, 그 이유가 궁금하다.

'귀함'과 '버릇없음'은 전혀 상반된 가치인데도 그것을 하나로 평가하려는 어리석음을 젊은 부모들이 범하고 있기 때문일 것이라고 나름대로 결론을 내려 본다.

식당이나 목욕탕, 놀이터나 지하철 안, 백화점이나 많은 사람들이 모이는 공공장소에서 자주 당하는 일이지만, 참으로 버릇없는 아이들이 점점 늘어나고 있다. 유치원·초등학교 시절에 버릇없이 '방목' 하여 자라다시피 한 젊은이들이 벌써 엄마 아빠가 되었다는 얘기겠지. 그 젊은 부모는 어렸을 적 버릇없이 자란 것을 당연한 것, 귀한 것으로 여기고 있기 때문에 자기 자녀들의 무례에 대해 매우 관용적인가 보다. 하지만 문제는 사회나 직장에서는 그런 무례가 안 통한다는 사실이다.

얼마 전 시외버스에서 겪은 일이다.

어떤 30대 남자가 내 뒷자리에서 핸드폰을 이용하여 애인과 수다를 떠는데, 꼭 두 시간을 그러더구나. 어찌나 시끄럽고 짜증이 나던지, 할 수 없어 빈자리를 찾아 이동했건만 나의 그런 행동은 그의 안중에도 없던 것 같더라.

그날 5시간의 이동 중에 나와 다른 손님들은 그 남자의 사생활과 친구 관계, 회사에 대해서까지 훤히 알게 되었다.

그런데 그 다음날, 모 기업체 강의장에서 그를 만났다. 그는 나를 안내하러 나온 회사의 직원이었다. 그는 나를 알아보지 못했지만 나는 그의 예절 바른 태도에 또 한 번 놀랐다. 어제는 버스 안에서 그렇게도 무례하게 굴더니 언제 그랬느냐는 투로 아주 교양 있게 나를 대해주었다. 예절의 야누스인가, 인격장애인가. 분명 그는 두 얼굴의 사나이였다.

사랑하는 딸아!

너는 결혼하면 일단 친부모 곁을 떠난다.

하지만 너의 말 한마디, 행동거지 하나하나는 남이 너를 판단하고 평가하는 기준이 된다. 그리고 우리 집안, 특히 네 부모를 판단하는 준거가 되기도 한단다.

딸을 시집보내는 부모들이 가장 걱정하는 말이 뭔지 아니?

'뉘 집 딸인지 참 버릇없이 키웠구나.' 그런 말을 듣는 것이란다.

너는 우리 부부에게는 황금 같고 다이아몬드 같은 귀한 자식이란다. 그렇게 귀한 존재라는 인식과 사랑을 받은 사람이니까 다른 사람에게도 똑같이 대해야 한다. 특히 시부모와 시댁 어른들로부터 귀하게 자란 딸로, 교양과 인품을 갖춘 며느리로 평가를 받기 바란다.

무엇을 어떻게 해야 그리 될 수 있는가. 그 점은 네 생각과 판단과 행동에 맡기겠다.

최소한 네 아버지와 엄마가 살아오면서 하던 일들을 떠 올리면서 참고하면 될 일이다.

그럼, 마지막 남은 학기에 더 노력해서 훌륭한 결과를 얻기 바란다.

3. 결혼으로 맺는 아름다운 인연들

어느 할머니의 설움, 너의 미래 이야기일 수가 있다

지난 1월 어느 날 오후에 뒷산의 약수터에 올라갔었다. 제법 쌀쌀한 날씨였지만 약수터엔 나이든 분들이 옹기종기 모여 이런저런 얘기를 주고받고 있었다.

그런데 약수터가 내려다보이는 벤치에 할머니 한 분이 앉아 몸이 불편한 듯 연신 다리운동을 하고 계시더구나.

할머니의 머리에 세월의 풍상이 허옇게 내려앉아 있는 것으로 보아 70은 넘어 보이셨다. 나는 무심코 그 앞을 지나가다가 돌아가신 어머니가 생각나 멈칫거렸다.

그때 물을 길어 올라오던 할머니 한 분이

"왜 그렇게 앉아 있어? 아들 집이라도 가서 손자라도 봐주지?"하고 말을 걸더구나.

그러자 앉아있던 할머니의 말씀에 내 가슴이 철렁했다.

"인자 자식 집에는 안 갈래."

"왜 안 가? 아들 며느리가 기다릴 텐데…."

그러자 할머니는 조금은 허탈한 목소리로 대답하더구나.

"기다리긴 뭘…. 연락도 없이 찾아왔다고 며느리가 얼마나 야단을 치는지 원…."

"설마, 그랬을라구. 반가워서 그랬겠지."

"아냐, 왜 아무 연락도 없이 불쑥불쑥 찾아오느냐구 난리를 치고 구박하잖아. 얼마나 서럽던지. 내 자식 집에 가는데도 예약하고 가야하냐구?"

"그러게. 자주 갔으면 그런 일이 없잖아."

"아냐, 키워봤자 다 소용없어. 애들이 보고 싶어 간 건데. 글쎄, 그렇게 타박할 것은 뭐야."

그러자 말을 거들던 할머니도 머쓱했던지

"그러게 말이야. 요즘 젊은 것들은 에미 애비도 귀찮은가 봐."

"누가 아니래. 셰 빠지게 굶으며 키워났더니…. 에고, 얼른 죽어야지."

"아, 죽긴 왜 죽어 더 오래 살아야지. 그래야 고것들이 미안해할 날이 올 거 아냐?"

그 할머니들의 대화가 내 발길을 붙잡아 한동안 떠날 수가 없었단다. 내가 주춤거리며 카메라를 들자 할머니가 경계의 눈빛으로 입을 다물고 외면하더라.

'아, 외로우신 할머니. 저 분들이 마음 놓고 갈 곳은 점점 사라져 가는구나.'

돌아서던 내 가슴 밑바닥에서 회한의 낙엽이 부스스 떨어지기 시작했단다.

'할머니 오래오래 건강하게 사세요. 그리고 자녀들이 어머님을 싫어서 한 말이 아니라는 점도 알아주세요. 자식은 이 세상 어느 누구보다도 자신을 낳아 키워주신 어머니를 사랑한답니다. 다만 그 사랑법을 몰라서 그러는 거예요.'

나는 그 분의 가슴에 따뜻한 바람이 불어, 어서 이 추위가 물러나기를 빌어주었다.

시어머니의 상대적 박탈감을 이해하라

미래에 어머니가 될 내 딸아!

이 세상의 남자는 아내의 남편이기 이전에 어머니의 아들이다. 그래서 아들에게 있어서 어머니는 모든 여성을 대표하는 존재이다.

사랑하는 여자가 나타났을 때 잠시 '한눈'을 팔지만 마음 깊은 곳에는 언제나 어머니의 상이 좋든 싫든 개울 물밑의 이끼처럼 담겨 있다. '한눈'이라는 표현에 대해 못마땅해 하는 여성들이 있겠지만 시집간 딸이 친정어머니를 생각하는 '애틋한 정'과 같은 의미로 생각하길 바란다.

배고프고 힘들고 어려울 때는 어머니의 한마디가 큰 용기를 주는 것이 아들과 어머니의 태생적 본능적 관계이다.

하나의 예로, 최전방에서 모진 어려움을 겪는 아들, 해외 건설 현장에서 고생하는 아들에게 있어서 어머니는 구원의 여신이다. 그런데 여기에 이상한 갈등 요소가 끼인단다. 어머니에 대한 감정 때문에 아들은 아내와 어머니 사이에서 갈등을 느끼고 괴로워한다. 그 까짓것 결혼했으면 잊어버릴 만도 하건만, 저를 그토록 애지중지 길러준 어머니 말고 다른 젊은 여자에게 빠져 있다는 이상한 자책감이 아들의 머리에는 늘 잠재해 있다는 말이다. 아버지도 그랬단다. 늘 어머니에 대한 죄스런 마음으로 30여 년을 살았지. 어떤 때는 아무 이유 없이 네 엄마를 구박하곤 했는데, 그 바탕에는 모정에 대한 송구함이 배어 있었단다. 마마보이라구? 그랬는지도 모르지. 아니 결혼한 아들들은 어느 정도는 마마보이란다.

시어머니의 경우에는 아들에 대한 서운함이 더 깊다.

열 달 동안 배 안에 넣고 키운 아들. 어려운 생활 속에서 포대기 둘러업고 오만 고생을 다하며 키운 아들. 오로지 아들 하나 믿고 살아온 세월이 그녀에게는 삶의 고통을 잊게 해준 약이었다는 사실을 며느리가 알 턱이 없지. 어머니는 과거에 살고, 며느리는 미래에 사는 여자니까.

그런데 아들이 장성하자 어느 날 갑자기 자기보다 젊고 예쁜 여자를 데리고 들어왔을 때 세상의 어머니들은 대부분 절망한다. 그런 마음도 모른 채 철부지 아들은 제 여자를 끔찍이도 사랑하고 위하니, 그 모습을 보는 어머니가 느끼는 상대적 박탈감이 어떠랴. 이런 마음을 헤아릴 줄 아는 며느리는 시어머니에게 공경과 효도를 다하여 이를 상쇄시키고, 아들을 어머니와 공유(?)하는 지혜를 발휘하지만, 이기적인 며느리는 아들을 독차지하고 어머니는 소외시켜 버린다. 이때 등장하는 가장 고전적인 스토리가 고부 갈등이다.

그 며느리도 곧 아들을 볼 것이고, 자기가 낳은 자식이 머잖아 또 자기보다 예쁘고 젊은 여자를 데리고 들어와 자기의 가슴을 아프게 할 것인데, 그걸 모른다. 역지사지易地思之라. 시어머니와의 갈등은 며느리가 슬기롭게 풀어야 한다.

현명한 며느리들은 남편을 시어머니와 공유하는 지혜를 갖춘다는 말, 새겨주기 바란다.

부모님께 손쉬운 효도 방법은 무엇일까

사랑하는 내 딸아!

2월 하순인데 서울 북한산에는 흰 눈이 덮여 있구나. 아마 새봄을 시샘하는 마지막 눈인 듯싶구나.

어제 오후 지방에서 강의를 마치고 상경하는 중에 펄펄 내리는 철모르는 눈을 바라보면서 멀리 있는 너를 그리워했단다. 집에 와서는 엄마랑 네 애길 또 했지. 나이 드니까 자식 애기로 하루해를 보내는 것 같구나.

너는 이제 또 다른 부모를 만나게 된다. 시부모를 모시는 것을 두려워하거나 짐스러워하지 말아라. 큰 축복이다. 지금도 나는 장모님의 얼굴도 모르고 홀로 사시던 장인어른께 사위로서 효도를 못 해드려 속이 아프단다.

시집을 가거든 시부모를 네 친부모라 여기거라. 시부모를 공경하는 것은 며느리의 마땅한 도리란다. 해도 되고 안 해도 되는 선택 사양 같은 것이 아니라 인간으로서의 도리이자 의무란다.

내가 대학 강단과 사회교육 현장에서, 그리고 직장에서 겪은 바에 의하면 젊은이들은 효도하는 법을 잘 모르는 것 같더구나. 아마 배우지 못한 탓일 게다. 오로지 공부만 하면 잘살 수 있다는 학과 성적 제일주의가 젊은이들을 무례와 몰염치의 마당으로 안내했는지, 아니면 기성세대들에게 대드는 것이 신세대 문화인 줄 잘못 알았던 것은 아닌지 모르겠다. 모두가 우리 기성세대의 잘못이라 깊이 반성한다.

그 점에서 너도 마찬가지이니 늦었지만 아비가 이야기해 주마.

도덕 강의를 하자는 게 아니니 외면하지 말아라. 너도 10년 뒤엔 네 자식에게 아비가 해준 이야기를 그대로도 해줄 테니 말이다.

　첫째, 하루에 한 번은 문안인사를 드리거라. 네가 하루에 수십 번 거울을 보는 것에 비하면 그리 어려운 일이 아니다. 함께 모시고 살면 조석으로 노인네 방에 들어가 문안 여쭙고 주무시는 방바닥이 찬지 따뜻한지도 살피고 나오거라. 먼 곳에 사시면 일주일에 한 번이라도 문안전화를 드리거라. 수신자부담이라도 좋으니 전화 드리거라. 혹여 인터넷 중에 메신저로 어르신들과 대화하는 계기가 된다면 더 좋겠지.

　부모에게는 내 자식 며느리가 자주 인사하는 것 이상 행복과 만족을 주는 것이 없단다. 인사란 즉 개심開心, 곧 마음을 여는 것이지. 사람이란 마음을 열면 자신이 행복해진단다. 중국어에 천천개심텐텐카이(신天天開心)이라는 말이 있지. '매일을 즐겁게 보내자'는 뜻인 줄 안다. 매일을 즐겁게 보내려면 마음을 열어야지. 마음을 여는 가장 좋은 방법이 곧 인사란다. 그러니 시부모에게 자주 문안인사 드리거라.

　두 번째는, 노인들에게 가장 중요한 것이 치아이다. 이가 나쁘면 건강을 해친다. 이 나쁜 노인네는 만병을 얻고 만다. 음식을 제대로 씹지 못하니 위와 장이 나쁘게 되고, 그로부터 만병이 오는 것이다. 60대 이상 노인네들은 이미 이가 반 이상 상해 있다. 하도 오래 사용하다보니 부실해지고 만 것이다. 시부모님을 치과에 모시고 가서 이를 해드리거라. 보철이든 임플란트던 해드려서 먹을 것을 맛있게 드실 수 있도록 해드리거라. 네가 효도한 만큼 나중에 자식에게서 효도 받는 것이니 '효도 저축'이라 생각하고 아까워 말아라.

까마귀라는 새는 제 부모가 늙어 힘을 못 쓰면 자식들이 모이를 물어다 어미를 봉양한다고 한다. 인간이 새만도 못해서야 쓰겠느냐.

셋째, 겨울 건강 이야기이다. 노인들은 겨울에 건강을 잃기 쉽다. 특히 겨울이 거의 다 지나고 봄이 올 즈음에 노인네들이 많이 돌아가신다. 그러니 부모님이 오래 살기를 바라거든 겨울 건강을 살펴드려라. 그리 어려운 일이 아니다. 비타민과 철분이 많은 과일을 보충해 드려라. 귤과 감곶감, 이 두 가지만 사다 드려 잡숫게 해도 노인네 감기와 철분 부족을 상당 부분 보충할 수 있을 게다.

글쎄다. 네가 아비의 말을 어느 정도 이해했는지 모르겠다만 친부모나 시부모나 무병장수해야 네가 복 받는 게 아니겠니?

그러니 자주 문안인사드리고, 치아를 살펴드리고 과일을 사다 드려라. 이 세 가지는 가장 쉬운 효도 방법이라고 생각하여 내 딸에게 추천한다. 한 번에 세 가지를 다할 수 없다면 계획을 세워서 해드리렴.

다만 인사만큼은 돈 드는 것이 아니니까 매일 또는 자주 드리고….

부모가 원하는 것은 보약이 아니란다

사랑하는 딸아!

지금으로부터 6년 전 추석 전날, 경남 단성에 있는 모 교육원 뒷마을에서 겪은 일이다.

마을 길을 걷다가 감나무에 올라가 감을 따고 있던 할아버지를 만나 인사를 드렸더니, 할아버지는 연신 무엇이 그리 좋으신지 마음이 들떠 보였다. 도회지에 나가 있는 자식 손주들이 보고 싶은 마음을 가득 안고 감을 따고 계셨던 것이다.

"할아버지, 뭐 좋은 일이라도 있으신 가 봐요?"

나는 돌아가신 아버님 생각이 나서 더 친근하게 물었단다. 그랬더니 금세 환한 얼굴로 이렇게 대꾸하시더구나.

"음, 새끼들이 온다 안 카나. 그래서 준빌 좀 하느라구."

"할아버지, 좋으시겠어요. 참, 자제분은 몇이나 되는데요?"

그러자 할아버지는 신이 나서

"응, 아들만 셋이야. 큰놈은 서울에서 대학교수하고 있고, 둘째는 대구에서 변호사야. 그리구 셋째 놈은 마산에서 의사지."

할아버지는 아주 흡족한 듯이 말하며 지붕에서 감 따기를 계속하고 계셨다.

나는 그 할아버지가 부러웠다. 자식 농사를 그렇게 잘 지으셨으니 무슨 여한이 있을라구. 일찍 돌아가신 아버님을 생각하며 쓸쓸히 마을에서 내려왔단다.

추석 연휴가 끝난 뒤 다시 학과가 시작되어 나는 교육원에 내려갔다. 그러다가 다시 그 할아버지 댁 앞을 지나다가 안을 기웃거려 보니 영감님이 툇마루에 우두커니 앉아 계시는 것이 아닌가. 나는 할아버지에게 인사를 하곤 지난번 손주들 잘 만나 보셨느냐고 물었다.

"아냐. 안 왔어."

"네? 세 아드님이 계시다면서요?"

"응, 큰놈은 길이 막혀서 오다가 돌아갔다구 전화 왔구, 둘째 놈은 소송 건이 걸려서 재판 준비 땜에 못 온대. 셋째는 연휴 환자가 밀려 대기중이구…."

할아버지는 힘없이 남의 말 하듯이 하시곤 마루에 쌓인 과일들을 가리켰다.

"손주놈들 주려고 감도 따고 밤도 따놓았는데…. 아무도 못 왔어, 안 왔다구."

그러더니 나에게 홍시를 밀어 놓으시면서 이렇게 말씀하시더구나.

"젊은이, 감 좀 맛보게. 얼마나 단지 몰라."

나는 미안한 마음을 안고 홍시를 두 개나 먹었다.

내가 맛있게 감을 먹는 모습을 보시던 할아버지가 혼잣말을 하셨다.

"내가 산다면 얼마나 산다구. 내가 보약을 지어달라는 게 아냐. 보약보다 자식들 얼굴이 더 보고 싶은 거라구."

할아버지의 눈에는 어느덧 이슬이 맺혔다. 나는 아무 말도 하지 못하고 할아버지의 손을 잡아 드린 뒤, 앞 가게로 뛰어가 담배 한 갑을 사다 드렸다.

"할아버지, 속 끓이지 마세요. 오지 못한 자식들은 얼마나 속이 타겠어요."

내 말을 듣는지 마는지 할아버지는 아무 말씀도 않고 담뱃갑만 만지작거리고 있었다.

그해 봄, 할아버지가 돌아가신 날 허름한 슬레이트집 주위에는 수많은 고급 자가용차가 즐비하게 늘어서 있고, 마치 잔칫집처럼 붐볐다.

나는 내 아버지가 돌아가신 것처럼 허전하고 가슴이 아파 한동안 밖에서 서성거렸다.

나는 노인들은 보약이나 돈보다 사람이 그리워 외로움을 타다가 돌아가신다는 것을 그때에 알았다.

들고 날 때는 '출필고出必告 반필면返必面' 하거라

오늘은 식구들끼리 인사 나누기에 대해 한마디하마.

어른을 모시고 사는 자식과 며느리는 집을 나설 때나 들어올 때나 어른께 꼭 인사를 하고 다녀야 한다. 아니 젊은이뿐만 아니라 모든 식구들은 들고 날 때마다 집에 남아있는 식구들에게 인사를 해야 한다.

그래야 내가 어딜 가 있는지 알고, 남은 사람이 걱정을 덜 할 게 아니냐. 다 큰 사람이 활동하는데 무슨 걱정이냐고 반문하는 것은 잘못이다. 가족이란 서로가 걱정하고 위하며 살아가는 존재이다. 그러므로 내가 움직인다는 것은 개인만의 문제가 아니라 식구들 전체에 관련된 문제이다.

먼 길을 떠날 때는 물론이거니와 가까운 곳에 출타할 때도 반드시 알리고 다녀야 한다.

직장에 출근하든, 백화점이나 시장에 가든, 목욕탕이나 이발소나 미장원에 가더라도 집에 남아있는 식구들에게 사유를 말해 주고 나가야 다른 사람들이 걱정을 덜 할 것이 아닌가. 집이 비었다면 가까운 이웃에게라도 알려주고 떠나는 것이 좋다. 빈집은 항상 도둑이나 화재에 취약하기 때문이다. 또 출타하는 본인보다 먼저 귀가하는 사람이 있다면 미리 빈집이라는 것을 알려주어야 그가 서둘러 귀가하게 된다.

출필고出必告란 집을 나설 때 '무슨 일로 어딜 간다. 언제쯤 돌아온다.'라는 인사말이다. 반필면返必面이란 귀가한 후에 집안 어른들에게 자기의 얼굴을 보여드림으로써 무사함을 알려드리는 예절이다.

요즘 같은 험악한 세상에 부모는 자식이 출타했다가 귀가하면 얼굴을 봐야 안심이 된다. 그러므로 피곤하고 귀찮더라도 반드시 어르신이 계시는 방에 가서 인사를 드려야 옳다. 만일 불가피한 일이 생겨서 귀가시간이 지연될 때는 그 사정을 미리 알려드려야 한다.

이와 같은 기본 예절은 직장에서도 그대로 통용된다.

출근하면 상관에게 인사하고, 출타할 때나 귀사할 때도 반드시 상관에게 인사를 해야 한다.

퇴근할 때도 마찬가지이다. 퇴근시간이 됐다고 도둑고양이처럼 살짝 나가버리는 것은 좋지 않다. 직장이란 항상 일이 있는 곳이기 때문에 언제 나에게 무슨 일이 떨어질지 모르는 것이 아닌가.

집에서 출필고 반필면 예절에 익숙한 사람은 직장에서는 누가 시키지 않더라도 인사 예절을 잘 지킨다. 그래서 가정 예절이 곧 직장 예절이요, 사회 에티켓이 된다.

『논어論語』를 보면, 예절을 모르면 사람이 아니라고 했다不學禮無以立也.

예절이 부족한 사람은 사람으로서 대접을 못 받는다는 말이다. 이제 예절은 개인의 인성을 판단하는 자료이자 사회생활에서 중요한 경쟁력이 되었다는 점을 다시 한 번 생각해 보아라.

세대 차, 극복하려 싸우지 말고 조화의 길을 찾아라

사랑하는 딸아!

우리는 부모 자식 간에 세대 차를 큰 문제라도 되는 양 생각하는 사람이 의외로 많다. 그러나 세대 차는 당연한 것이 아니겠니? 태어난 시대가 다르고, 교육받은 환경이 다른데 어찌 똑같은 생각과 태도를 가지라고 할 수 있겠는가 말이다.

더구나 산업화 이후 급진적인 발전을 해온 우리나라에서 세대 차를 사회 질서를 문란케 하는 문제로 인식한다면 그것은 역사와 현실을 너무 모르는 무지의 소산이지.

사람이 삶을 시작한 이래 어느 시대건 간에 세대 차는 존재해 왔다. 지금 세대 차를 우려하는 기성세대들도 나이 어렸을 때는 어른들로부터 걱정을 받고 자랐단다.

다만 지금의 젊은이들의 가치관이 개인주의로 치닫다 보니까 과거와 지나친 거리감이 있어 그로부터 많은 사람들이 당혹감을 갖게 되었단다.

지난날의 젊은이들은 어른 세대를 존경하는 생각이 강했다. 그분들 때문에 오늘의 내가 있다는, 어쩌면 당연한 생각이지만 그런 생각으로 어른들을 인정하고 존경했다.

그런 인정과 존경의 가치와 태도가 보편화된 시대와 오늘날이 조금 다르다는 데에 문제가 있다.

어떤 연유에서인지 20세기 후반부터 젊은 세대들은 기성세대를 인정하려 하지 않는 이상한 가치관을 보이게 되었다. 기성세대가 만들어 놓은 밥을 먹고 자랐고, 좋은 환경에서 공부를 하면서도 고마워할 줄을 모르는 젊은 층이 늘고 있다는 말이다. 이건 순전히 나만의 편견이길 바란다.

이런 가치전도와 기성세대 불인정의 원인 제공자 역시 기성세대이기 때문에 신세대들에게 뭐라 질책할 수도 없는 일이지만, 이 세대 간의 격차를 그대로 놔두면 우리의 행복은 점점 더 멀어지고 만다. 모든 교육에서 인성교육의 중요성을 강조하는 이유가 바로 여기에 있는 것이 아닌가.

세대 차는 극복이 아니라 각 세대 간의 차이를 인정하고 서로 조화하는 방법을 찾는 것이 가장 좋은 방법일 것이다.

젊은 세대는 기성세대를 미래의 자기 모습으로 바라보고, 기성세대는 젊은 세대들을 과거의 자기 모습으로 인정하고 격려하는 인식과 태도가 필요하지.

4. ‘며느리학^學’은 며느리가 써라

머지않아 남의 집 며느리가 될 딸아!

여자가 시집을 가면아니지, 결혼을 하면 시댁^{媤宅}의 며느리가 된다. 남자가 처가의 사위가 되는 것과 같지만, 그런데 어째서 남자와 여자가 ‘결혼하는 것’을 여자가 시집간다고 했을까. 아마 지난날 가난한 생활의 유습이나 여자는 남자를 따라야 한다는 여필종부^{女必從夫}의 유교적 가례^{家禮} 때문이 아니었을까 싶다.

아무튼 장가나 시집이나 모두 가는 것은 마찬가지인데, 신부는 시집을 간다고도 하고 온다고도 한다.

시집간다는 시^媤자를 보면 ‘여자^女와 생각^思이라는 두 글자가 결합되어 있다는 것을 알 수 있다. 여자가 많은 생각 끝에 결정했음을 의미하는 것일까. 옛날에야 부모가 정해준 집에 시집을 갔는데, 신부가 무슨 생각을 할 수 있었을까. 그렇다면 생각 없는 결혼은 하지 말란 의미일까?

아무튼 시^媤자가 의미하는 ‘여자의 생각’이 무엇이었을까 궁금하구나. 결혼이란 일생이 달린 문제이니 많은 고뇌 끝에 결단을 내려야 한다는 의미도 들어있을 테지만, 결혼하여 남자 집에 들어가 살려면 생각을 많이 해야 한다는 의미인지도 모르겠다. 물론 꼭 남자 집에 들어가 시댁 식구들과 함께 살지 않더라도 정신적인 영역에서는 시댁에 많은 부분이 접속되어 살아갈 수밖에 없는 것이 시집간 여성의 위치이지.

여기에 더하여 시골 종갓집 며느리의 위치와 역할은 일반인들이 보기에는 거의 질곡桎梏 수준이라 해도 과언이 아니다. 아마 하늘이 내린 여성이 아니고는 아무나 종가댁 며느리가 되지 못할 듯싶다. 그러니 결혼이란 겉으로 생각하는 것처럼 그렇게 아기자기하고 낭만으로 가득한 꿈의 동산에서 뛰노는 것이 아니라는 것을 알 수 있지 않겠니. 참으로 복잡하고 힘든 관계들로 이어진 새로운 끈, 그것이 사랑이라는 이름으로 다 용서되고 무마된다고는 볼 수 없단다. 그래서 많은 부부들이 싸우고 다투고 종내에는 갈라서기까지 한단다.

내가 과문한 탓인지는 몰라도 우리나라에서 한해에 35여만 쌍이 결혼을 하는데, 그중에서 4만 3,000여 쌍이 헤어진다고 한다. 왜 그럴까. 결혼생활이 힘들어 적응하기가 쉽지 않기 때문이겠지만 보다 근본적인 원인은 다른 데에 있다고 본다.

그것은 젊은 남녀가 결혼에 대한 정신적인 준비, 일생의 설계에 대한 준비를 제대로 하고 결혼에 골인하지 못하고, 단꿈에만 빠져 있기 때문이 아닐까? 내가 보기에 젊은이들의 결혼에 대한 인식은 아주 미흡하다. 아니 유치할 정도여서 결혼을 소꿉놀이쯤으로 여기는 사람이 많더구나. 물론 사랑하는 남녀끼리이니까 어지간한 고난은 함께 이겨나가고, 미래 계획은 살면서 하나씩 설계하고 맞추어나가면 될 일이다.

문제는 왜 결혼하는지, 결혼한 뒤 바뀌는 많은 변화에 대해서 어떻게 대처해야 하는지. 그런 문제에 대한 마음의 준비 내지 매뉴얼이 미흡하지 않은가 하는 말이다.

남자는 남편과 사위로, 여자는 아내·며느리·올케·동서로 신분이 변하고 아니 추가되고, 그에 따라 역할 변화가 불가피한 것이 결혼이다. 그에 더하여 아이를 낳으면 부모의 역할이 추가됨은 물론이다.

이런 상황이니 결혼하여 시댁에서 함께 살기는 여간 힘겨운 일이 아니다.

남자 하나 보고 결혼한 새댁에게 가해오는 유형무형의 압박과 압력은 이 땅의 며느리들이 질식할 정도이다. 시댁 사람들의 모든 눈들이 새댁 한 사람에게 향하여 있다고 해도 과언이 아니고, 날카로운 부리로 금방이라도 대들어 쪼을 태세로 전투적인 집들이 많거든. 물론 극단적인 상황을 묘사한 것이니까 미리부터 걱정할 것은 없고, 이보다 훨씬 자유롭고 친밀한 관계도 많단다.

고루한 시댁일수록 남자는 여전히 태양처럼 군림하려 들고, 자식 교육은 나 몰라라 한 채 여자에게 책임을 지우는 무책임한 아버지들도 많다. 간혹 주정뱅이 내지 아내를 때리는 '조폭 남편'도 아직까지 건재

한 것이 한국의 가정이다.

또 하나, 맞벌이 부부에게 있어서 여자는 피난처가 없다. 열악한 탁아시설 때문에 여자가 직장생활을 마음 놓고 한다는 것은 거의 이상이요 꿈에 불과한 것이 또한 현실이다. 일부 대기업에는 탁아시설이 병설되어 있는 곳도 있지만 그 혜택은 극소수에 불과하지. 그러니 여자들이 아이를 낳지 않으려고 하는 거야. 오히려 학교에는 유치원이 병설되어 있는 경우가 많아서 여교사들이 혜택을 본단다. 허나 젖먹이의 경우는 아무 대책이 없어. 엄마가 아이를 업고 일할 수도 없고 말이야.

딸아, 어찌할까. 이제 정리해 보자.

며느리들이 행복의 창조자 내지 곰삭은 아내로, 신사임당 같은 어머니로, 자아실현의 우먼파워로 설 수 있도록 조력하는 방법은 없을까?

첫째, 이른바 '며느리학'을 정립하는 것이 급선무일 것 같다. 이것은 부부학의 한 파트로 볼 수 있지만 21세기 디지털 글로벌 사회에서 한국의 며느리들이 행복하게 결혼생활을 영위할 수 있는 학문적인 연구가 이루어져야 할 것이다.

둘째, 신혼부부와 시부모 사이에 바람직한 협정을 체결할 일이다. 모두가 마음을 다치지 않고 살아갈 수 있는 방안을 찾아 의무와 책임을 사랑이라는 솥에 넣어 다려낼 줄 아는 '올원 운동'을 벌이자는 얘기다.

셋째, 가장 중요한 것으로 신부가 시댁의 며느리라는 새로운 역할을 소화해낼 줄 아는 지혜를 발굴하고 다듬어 나가야 한다. 시집오기 전에 아무리 소중한 딸이었어도 아내로 며느리로 엄마로 성장하려면 우선 어른들과 화합할 줄 아는 슬기와 방법을 터득해야 할 것이다.

넷째, 남편^{사위}의 역할 역시 '며느리학'의 정립과 실천에 지대한 영향을 미치는 만큼 새롭게 조명되고 정립되어야 할 것이다. 남자로서 졸지에 두 부모를 모셔야 하는 역할 변동과 어머니와 아내 사이에서 샌드위치 신세로 전락할 우려가 많음을 알고, 양자를 포용하고 조화시키는 협상력을 발휘할 수 있도록 스스로 대화와 직간접적인 방법 등을 연구해야 한다.

사랑하는 딸아!

결혼이란 일생일대에 가장 중요한 과업이자 숙제란다. 이제까지 살아온 방식대로, 또는 '안 되면 말지' 하는 아마추어식으로 어른들에게 기대어 평생을 살아갈 수는 없는 일이잖니. 또 부모가 그리 오래 살아 있지도 않는다. 너희 부부가 낳은 아이들이 고등학교 들어갈 때쯤이면 나나 네 어미나 또 시부모들은 이미 한 분 두 분씩 돌아가신다. 그러니 부부가 모든 것을 풀어나가는 연습을 평소에 해 나가야 한다.

결혼이란 인생 구도에 가장 큰 영향을 미치는 평생 사업이다. 너는 30여 년 가까이 살았지만 결혼 같은 중대사를 치러 본 일이 없으니 마음부터 단단히 먹어야 한다.

　신혼부부가 사랑이라는 에너지로 뭉쳐 생명을 생산하고 가정 공동체를 꾸려나가는 한 이겨내지 못할 난관은 없다.

　이 땅의 많은 시부모들이 시대에 맞는 '며느리학'을 찾고자 하는 것도 '행복한 가정'에 대한 강한 열망이 아니겠니?

　이제 '며느리학'은 세상의 모든 며느리가 독자적으로 써나가야 할 실용 학문이라고 생각한다.

5. 자신을 신성神聖한 존재로 만들어라

자식으로부터 가장 존경받는 엄마가 되거라

정이 많은 딸아!

오늘 아침 출근길에 고사리손을 들고 길을 건너는 초등학교 신입생들을 만났다. 몇몇은 엄마 손을 붙잡고 등교하는데, 그 모습이 어찌 그리도 곱던지.

네 조카들도 그랬었지. 아버지가 57세 되던 해에 손녀가 학교에 들어갔지. 정말 꿈만 같더구나. 어느새 내 아들이 장가를 들어 아이를 낳고 그 아이가 학교에 들어가다니, 세월의 흐름이라는 것을 실감한 때였지. 그런데 그 녀석이 벌써 5학년에 올라갔다니.

너도 머지않아 결혼을 하면 너와 네 신랑을 닮은 아이를 낳아 기쁨을 누리겠지.

해맑은 아이들의 얼굴을 보면 세상 모든 시름이 다 사라진단다.

키우는 부모에게는 힘이 드는 일이겠지만 아이들로서는 얼마나 축복받은 일이겠니. 너도 알다시피 요즘 아이들은 참 바쁘다. 직장을 가진 어른 못지않게 바삐 사는 게 아이들이다. 학교 다니는 것은 기본이고, 방과 후에 여러 개의 학원에 다니고, 집에 오면 학습지 푸느라 정신이 없단다. 또 틈틈이 특별활동을 하고, 사회봉사 점수도 따야 한단다. 그러니 얼마나 바쁘겠니. 꼭 그렇게 해야만 살아갈 수 있는 것인지 잘 모르겠다만, 아이들을 너무 경쟁의 들녘으로 내모는 것 같아 마음이 무겁다. 세상이 빠르게 변하고 새로운 기술 문명이 물밀 듯 밀려오니까 그 속도에 뒤지지 않으려면 옛날 아버지 시대처럼 한가롭게 자연을 벗 삼아 학습할 수는 없겠지만, 그래도 인간의 기본적인 성품만은 바르게 키워줘야 하지 않겠니.

요즘 '송아지 노래' 가사가 변했다는 말이 들린다.

"송아지, 송아지 얼룩송아지, 엄마소도 얼룩소, 엄마 닮았네."

이 얼마나 천진난만하고 동심 어린 노래이냐. 엄마와 아이가 하나가 되는 '모자송'인가 말이다. 그 속에 담긴 뜻도 '우리 엄마 송아지가 이 세상에서 가장 멋지고 잘난 송아지다. 그러니 우리 엄마만 닮으면 앞으로 행복하게 살 수 있다.'라는 무언의 메시지가 담겨있는 것이 아니겠니. 내가 너무 오버하는 것은 아닌지 모르겠다만, 노랫말과 그 율동 등의 전반적인 분위기가 그렇다는 얘기이다.

그런 그 노랫말이 지금은 변했다고 한다.

"송아지 망아지 얼룩강아지, 엄마소도 얼룩개, 돼지 닮았네."

얼마 전에 우스갯소리로 모 주간지에 나온 얘기다만, 이 가사를 보면 섬뜩해진다. 세상에, 하나밖에 없는 엄마가 망아지, 강아지, 개, 돼지로 바뀌고 말았으니까 말이다. 농담으로 치부하면 그만이지만 혹시나 아이들의 인성이 이 노래처럼 거칠어지지나 않았는지 걱정이 되어 그런다.

우리가 사는 목적이 무얼까. 아무래도 자식 낳아 잘 기르는 것이 삶의 목적과 보람 중에 가장 중요한 것이 아니겠니?

너에게 부탁하마. 너는 이 세상에서 자식으로부터 가장 존경받는 엄마가 되거라. 엄마가 존경을 받으면 아이는 아빠도 존경하게 될 거다. 이런 부모 공경이 곧 효도라는 거야. 어떻게 하면 아이에게 존경받는 부모가 될까. 그것은 네 스스로가 부모를 공경하고 아이를 사랑과 훈육으로 인도하는 거란다. 무조건 아이에게 끌려가는 부모는 아이의 종이 되고 만다. 그렇다고 아이를 윽박질러 고삐 매어 끌고가는 부모는 아이에겐 공포의 대상이 되고 만다. 이렇게 보면 아이를 낳아 기르는 것이 어려운 일이라는 것, 네 엄마와 아버지도 너희 남매를 낳아 기르는 동안 참으로 많은 어려움이 있었다는 점을 알 수 있겠지.

그래도 나는 너와 네 오빠가 좋다. 그리고 손주들이 좋다.

작은 것이라도 베풀 줄 알아야 복이 온다

사랑하는 딸아!

오늘은 나의 행동을 반성하는 의미를 담아 너에게 남을 돕는 마음을 말해주고 싶어 이 글을 쓴다.

오늘 아침엔 뿌연 안개가 쉽게 가시질 않는구나.

황사인지 연무인지, 아무튼 조금은 기분을 우울하게 하는 하늘이다.

아마 엊저녁에 늦게 잠자리에 드는 바람에 네 엄마가 돌아오는 것도 모른 채 잠에 빠졌다가 일어난 때문이 아닐까 싶다. 거실에 나가보니 식탁에는 웬 가래떡이 널려 있다. 만져보니 아직 굳지 않아 꾸들꾸들 하구나. 하나를 입에 물어보니 옛적 어머니 손 냄새가 입안에 가득했다. 내가 부스럭대는 바람에 잠에서 깨어난 네 엄마가 잠이 가득한 목소리로 지난밤에 동네 노인들 모임에 가서 아귀찜 준비를 해드리고 얻어온 것이라고 말해주었다.

떡 한 상자를 선물로 주기에 가지고 오다가 어렵게 사는 언니뻘 되는 아주머니에게 반쯤 넘겨드리고, 택시 기사 아저씨에게 무럭무럭 김이 나는 가래떡 두 개를 드렸더니 그리도 좋아 하더라면서 마치 자기가 먹은 양 좋아하는 네 엄마.

나는 이런 네 엄마의 남을 배려하는 마음씨가 참 좋다.

가래떡 한 상자 가져다가 우리 부부가 어느 세월에 다 먹겠니.

여남은 개만 있어도 며칠을 끓여먹을 텐데 말이다.

세상에 가장 아름다운 베풂이 무엇일까. 나는 배고픈 고통을 감소시켜 주는 것이라 생각한다. 배고픈 이에게 뭔가 먹을 것을 주는 것처럼 아름다운 베풂이 어디 있을까.

사람들은 말한다. 이 담에 돈 많이 벌게 되면 가난하고 소외된 이웃을 돕겠다고. 하지만 그 약속을 지키기는 매우 어렵단다. 돈 많이 벌기가 쉽지 않기 때문이고, 또 하나는 돈을 많이 벌면 생각이 달라지기 때문이지.

나도 젊은 시절에는 이런 생각을 했었는데, 나이 들면서 생각이 바뀌었다. 남을 돕는 것은 크기나 시기가 아니고 마음이더라. 네 엄마는 지하철역이나 길가에서 어려운 이웃을 보면 지갑을 열어 천 원짜리 하나를 내민다. 내가 옆에서 보기에도 참 진지하게 남을 돕는다. 그 돈이 그 사람에게 얼마나 도움이 되겠느냐만, 그런 베풂조차 망설이는 나보다는 네 엄마의 보시普施가 훨씬 낫다고 생각한다. 어쩌다보니 네 엄마를 자랑하는 글이 되었다만, 남을 배려하고 생각하는 마음이 나보다 낫기 때문에 하는 말이란다.

너는 앞으로 살아가면서 작은 도움을 많이 베풀 거라. 수백 수천만 원의 도움도 큰 의미가 있지만 단돈 천 원이나 라면 한 그릇의 도움, 쌀 한 포대의 베풂이 더 소중하단다. 액수나 양의 많고 적음에 관계없이 남을 돕는 횟수가 잦을수록 자기 마음 안에 쌓이는 '덕德의 둑'이 더 튼실해진단다.

더욱이 결혼 후에는 주위의 많은 사람들과 연계를 갖게 된다. 친척과 인척, 그리고 이웃 사람들이 너의 인간관계의 망을 더 크고 넓게 만들어준다. 그중에서 너의 도움이 필요한 사람이 있거든 작은 정성이라도 그쪽을 배려하는 마음을 가져라. 베풂은 너의 마음을 평안하게 만들고 더 많은 이익을 만들어 줄 것이다. 그리고 눈을 더 크게 뜨는 계기를 만들어 세상을 바라보는 지혜를 키워줄 것이다. 거창하게 홍익인간이라는 말은 입에 담지 않으련다. 너와 가까운 사람을 생각하는 마음, 그것이 홍익 인간의 실천이니까.

적선지가필유여경積善之家必有餘慶이라. 남을 돕는 행위를 쌓으면 반드시 가정에 좋은 일이 온다는 것을 생각하자.

찬란한 보석보다는 은은한 옥이 되거라

옥돌같이 고운 내 딸아!

네 이름을 지을 때 나는 참 많은 고민을 했단다.

아버지 이름이 영 촌스럽고, 네 엄마 표현을 빌리자면 '매가리가 없어서(?)' 자식들 이름만큼은 정말 똑 부러지게 짓고 싶었다. 그래서 네 오빠는 굳셀 강剛 자에 밝을 철哲 자로 지었지.

할아버지가 살아계셨더라면 너희 남매 이름을 지어주셨을텐데, 너는 할아버지 얼굴도 모르니 내 책임이 더 커지고 말았다. 그래서 몇날며칠을 옥편을 끼고 앉아 고민을 했다. 좀 더 고상하고 가급적이면 현대적인 감각을 가미한 이름, 게다가 미래 지향적이면 더 좋고, 또 출세하고 돈도 많으면 더 좋고….

하지만 나중에 지어놓고 보니 결국은 '내면을 아름답게 만들고 다듬자.'라는 의미가 되고 말았다. 그래서 네 이름이 수연이라, 옥돌 수琇자에 고울 연 또는 예쁠 연妍자인 것이다.

옥이란 고대부터 최고의 보석으로 대접을 받았지만 겉으로 화려하기보다는 속으로 아름답다. 또 몸의 화기火氣를 다스리는데 좋은 건강 보석이란다.

화려한 꽃이 겉보기에는 좋으나 나비가 날아들고 벌레가 꼬여 못살게 굴지만, 고운 꽃은 고상하게 제 몫을 하고 이웃을 괴롭히지 않는다. 도리어 많은 이들에게 은은한 아름다움으로 다가서지. 음식도 그렇잖니. 기름진 서양식 식단은 당장 입에는 황홀할지 몰라도 건강에는 나쁘지. 반면에 한식은 그야말로 웰빙이잖니. 그런 점에서 네 이름은 웰빙 성명이다. 나는 네 이름을 지어놓고 나서 무릎을 쳤단다. 젊은 남자가 무슨 성명 철학을 가졌겠느냐만 딸의 이름을 손수 작명한 아비의 심정을 너는 모를 게다.

여자에게 강조하는 것 중에 부덕婦德이라는 것이 있는데, 부덕이란 아내로서, 가정주부로서 지녀야 할 덕망을 말한다.

아내는 곧 한 집안가문의 안주인이다. 아니 이제는 남정네를 대신할 정도로 그 위상이 높아지고 있지. 이제는 엄마 가장이 활약하는 시대이니까.

21세기에 와서 공맹孔孟을 논하는 것이 고리타분한 것이 아니냐고 생각할지 모르지만, 그건 잘못된 생각이란다. 세상이 아무리 글로벌이 되고, 문명이 초현대적인 디지털이 된다 해도 사람의 기본 도리는 존재하는 것이고, 가정이라는 것은 없어지지 않을 기초 공동체이다.

사람이란 하늘을 머리에 이고 땅을 딛고 선 존재이다. 그래서 하늘의 가르침과 땅의 은혜를 알아야 한다. 아무리 잘난 사람이라 할지라도 천지의 이치를 벗어나서는 출생도 없고, 좋은 배필을 만나 가정을 이룰 수도 없고, 세속적인 성공도 없을 뿐더러 아름다운 죽음도 없다. 그러기에 사람은 하늘을 우러러 한 줌 부끄러움이 없기를 바라면서도 땅에 부는, '잎새에 이는 바람'에도 괴로워하는 존재인지도 모른다.

옥은 진흙 속에 묻혀 있어도 옥이라 했다. 진흙 속에 묻힌 옥은 도리어 더러움을 정화시키는 능력을 발휘하여 이웃을 맑고 곱게 만들어준다.

네 이름을 지을 때는 솔직히 그냥 좋다고만 생각했었는데, 이제 결혼을 앞두고 보니 도리어 네 이름이 아버지의 눈을 다시 맑게 해주는구나. 언제건 어디서건 너는 찬란한 보석이 되기보다는 은은한 옥이 되거라.

사람들은 보석에 대해서는 금방 실증을 느끼지만 옥은 영원히 그 맑은 기품과 빛을 간직하기 때문에 선호한단다.

너는 중국에 오래 머물렀으니 중국인들이 왜 옥을 좋은 보석으로 선호하는지, 그 이유를 알 것이다. 옥돌 안에는 마음의 평안과 내면의 아름다움이 가득하여 겉의 화려함과 거짓 역동성보다는 더 낫다는 깨달음이 숨겨져 있단다.

그러나 내면의 아름다움은 그냥 가만히 있어서는 만들어지지 않는다. 마음 수양이 필요하다. 수천 년 동안 흙속에서도 찬란하게 빛을 발하고 제 위치를 지킬 줄 아는 옥돌처럼 인내와 자기 정화와 자기 연마를 위한 수양이 있어야 내면의 아름다움이 빛을 발하는 것이다.

바라건대 너는 사람과 문화예술을 사랑하고, 어떻게 하면 많은 이들에게 이로움과 즐거움을 안겨줄 수 있을까, 궁리하고 연습하거라. 그러는 가운데 내면의 아름다움이 한 켜씩 쌓일 것이다. 마치 바닷가에 있는 모래톱이 시간이 갈수록 켜켜이 쌓이고 그것이 모래 돌로 만들어지듯이 말이다.

Before Wedding

3. 생명의 장

모든 여성은 어머니 뱃속에서 태어나지만 모두가 좋은 어머니가 되는 것은 아니다. 이 세상에 가장 성스런 모성이라는 품성이 그것을 좌우한다. 어머니의 눈빛과 말씨와 손놀림은 신이 내린 최고의 선물이다. 그래서 '어머니'라는 작위는 공후백자남(公侯伯子男) 그 어떤 작위나 보석보다도 고귀한 것이다.

'어머니'는 신이 내린 최고의 작위(爵位)

1. 생명의 창조 : 하늘과 땅과 인간의 하모니

어느 스님이 말한 '섹스와 2세 출산'

사랑하는 딸아!

남매 둘이서 크다 보니 너무 외로웠던지, 너는 아이를 많이 갖고 싶다고 말한 것, 기억하니?

오늘은 결혼과 성에 대해 생각나는 것을 말해보마.

지금으로부터 십오륙 년 전. 서울에 있는 모 부대에 근무하던 나는 유명한 스님을 장병들의 인성교육 강사로 모셨다.

군부대에 스님을 초빙한다는 것이 어쩐지 부조화스런 감이 있었지만, 젊은 장병들에게 인성교육이 중요한 시기였기에 청중들은 조금은 설레는 가슴으로 스님을 맞았다. 몸집이 크지 않은 스님이었는데, 그는 카리스마 넘치는 목소리로 큰 강당을 휘어잡았다. 스님은 결혼을 앞둔 젊은이들에게 주는 말이라면서 이렇게 말했단다.

"자식을 낳아 기르면서 부부는 자식의 나쁜 점은 서로에게 미루는 못된 버릇이 있어. 자기보다는 당신 닮아서 그렇다는 거야. 자기는 전혀 책임이 없다는 듯이 말하지. 허나 생각해 보라. 둘이 합해서 만들어 놓고나서 당신 탓이라면 말이 되는가. 아이는 우성이든 열성이든 부부의 기와 정을 받아 만들어진 생명인데, 자기는 완전한데 상대방이 모자라서 저런 애를 낳았다는 거야."

장병들은 스님의 말에 박수로 화답했다.

"모자란 자식을 낳지 않으려면 어떻게 해야 하는가. 남자는 골과 뼈를 잘 다스려야 해. 골이 꽉 차고 뼈가 튼튼해야 강한 자식, 똑똑한 자식을 낳는 법이거든. 만약에 남자가 골이 비고 뼈가 약하면 자식은 골 빈 애가 나오고, 태생적으로 골골하는 병약한 아이가 나올 수밖에 없어. 그래서 남자는 젊어서 학문에 정진하고 체력을 강하게 키워야 한다, 이 말이야."

스님의 말에 젊은 장병들은 웃음을 그치지 못했다.

"자, 그러면 여성은 어떤가. 남자가 씨앗이라면 여성은 밭이거든. 아무리 좋은 씨앗을 뿌린들 밭이 자갈밭이거나, 거름기가 없는 밭이라면 그 씨앗은 제대로 자랄 수 없어. 젊은 여자가 그런 척박한 밭이라면 비루먹은 망아지 같은 종자만 나올 뿐이거든. 그래서 말이야. 여자는 살이 곱고 피가 맑아야 돼. 살과 피가 곱고 깨끗하다는 것은 무엇을 뜻하는가. 덕성을 쌓고 행동거지가 정숙해야 된다는 말이야. 아니 할 말로 이 피 저 피, 이 살 저 살을 섞으면 뭐가 되겠어. 잡초만 무성해지지. 그 밭에서 나오는 것은 잡종이야. 순도 높은 종자가 아냐. 피는 물보다 진하다지만 그것은 깨끗할 때 얘기야. 더러운 피는 물보다 훨씬 못하지.”

스님의 너무나 솔직한 말을 듣고 있던 일부 여직원들은 당황함을 감추지 못했다.

“자, 이제 네 탓 내 탓 해서는 안 돼. 남자는 자고로 학문과 기술 연마, 그리고 무예를 수련해야 돼. 술과 담배와 마약과 도박에 찌든 놈이라면 정자가 올바르겠어? 튼튼하겠냐구? 그리고 여자는 제발 날라리 끼를 접고 조신하게 교양과 덕성을 쌓아야 돼. 요즘 프리섹스라고, 성의 자유를 주장하는 얼빠진 사람들이 있는데, 그런 자유는 인간의 것은 아냐. 그것은 동물들이나 하는 짓이지. 프리섹스라는 미명하에 성의 타락을 즐기는 젊은 놈들은 당장은 기분이 좋을지 몰라도 결국은 제 골과 뼈를 갉아먹고, 제 피와 살을 더럽게 만들고 말아. 그래서 결혼 후 아이를 낳으면 함량 미달이 나오고 꺼벙이로 만들지.”

스님의 험한 일갈—喝에 청중은 웃음을 베어 물다가 제 혀를 베어 물기도 했지.

나는 그날 스님의 강의를 들으면서 정말 우리나라 젊은이들이 성에 대한 왜곡된 자유 의식에서 벗어나 가치 판단과 행동을 바로잡아야 자기도 살고, 가정도 살고, 국가민족도 살 수 있다는 사실을 깨달았단다.

유아기에 겪은 공포가 자폐아를 만든다

아이를 사랑하는 딸아!

20여 년 전, 오랜 교직 생활에서 물러나 서울 강남 반포에 모 성인 교육기관을 운영하고 있던 원장선생에게서 들은 이야기이다.

마산의 모 초등학교에 부부 교사가 있었는데, 아이를 낳아 기르면서 탁아가 어려워 아침에 부부가 출근할 때면 아이에게 우유병을 물리고 띠로 허리 부근을 매어 문고리에 묶어두었다고 했다. 그때만 해도 아이를 가진 부부가, 심지어 학교선생님들조차 부모에게 의탁하지 않으면 어디 마땅히 맡길 데가 없었지. 설사 있었다 해도 경제적인 여유도 없었고.

방 천장에는 아이가 보며 즐기라고 색색의 모양으로 카드나 물건들을 만들어 달아 매놓고….

점심때면 엄마가 부리나케 달려와 아이를 안고 젖을 먹이곤 했는데, 집에 와보면 아이가 울다 지쳐서 까무러친 채로 잠이 들어 있었다고 했다. 어린 것이 엄마를 찾으며 울다가 온 방을 헤매며 똥을 싸고 콧물 눈물범벅이 된 얼굴로 까무러져 잠이 든 모습을 보면서 엄마는 젖을 물리며 울었다고 했다.

엄마가 가고 난 다음에는 아빠가 돌아와 아이를 돌보고….

엄마 아빠가 교대로 아이를 돌보기를 2년여 했는데, 어느 날 아이가 울지를 않더라고 했다. 어디 그뿐인가. 웃지도 못했다고 했다. 울고 웃는 일을 못하는 아이가 하도 이상하고 겁이 나서 병원에 달려갔더니 의사는 '소아자폐증'이라고 말했다. 그러면서 유아기에 걸린 자폐증은 평생 치유가 불가능하다며 의사가 혀를 끌끌 차더라고 말했다. 그러면서 그 의사 말씀이 "아무리 부부 교사라 할지라도 아이를 키우는 것이 더 중요하지. 어찌 이렇게 아이를 내버려두었느냐."라고 호통을 쳤다고 한다. 젊은 부부는 설마 하며 아이를 애지중지 키웠는데, 아니나 다를까. 아이는 다섯 살이 되어도 혼자 방안에만 있고, 웃음을 잃어버린 아이가 되었다고 했다. 그 말을 들은 지가 벌써 20여 년이 지났지만 아이를 키우는 부모들은 새겨들을 일이 아닐까 하여 소개한다. 지금이야 어린아이를 그렇게 방치하듯 하는 부모는 없겠지만.

정말, 아이는 잘 회임懷妊하고 잘 낳는 것 못지않게 키우는 것이 더 중요하단다. 세상에 사는 모든 포유류는 태어나자마자 걷고 달리지만 사람만은 3년이 되어야 아장아장 걷는 존재거든. 그만큼 부모의 보살핌이 절실하다는 얘기이지.

2. 엄마 공부는 어떻게 할까?

엄마는 최고의 선생님

아이가 성공하기를 바라는 것은 이 세상 모든 어머니의 공통적인 바람이다.

시대가 아무리 변하고 가치관이 어떻다 해도 맹자 어머니나 한석봉 어머니처럼 세상의 모든 어머니는 자녀 교육에 헌신하기 마련이다. 내가 낳은 자식이 남부럽지 않게 살도록 만들고 말겠다는 집념은 부모의 본능일 것이다. 그런 까닭에 아이를 키우면서 엄마의 역할을 생각하지 않는 사람은 없다.

내가 하는 한 마디의 말과 제스처, 나의 행동거지 하나하나가 아이에게 과연 얼마나 영향을 미치는 것일까. 이런 생각을 가지고 살아가는 것이 어른이지. 만일 그런 생각이 없다면 부모 될 자격이 없단다.

안중근 의사는 육아와 교육의 중요성에 대해 이렇게 말했다.

'황금 백만 량보다 잘 기른 아이 하나가 더 중하다黃金百萬兩不如一教子. 맞는 말이다.

그런데 잘 기른다는 의미가 무엇일까. 먼저 사람답게 살아가는 가치와 태도를 익혀주는 것일 게다. 그 다음에는 현대 사회에서 뿐만 아니라 아이들이 살아갈 미래 사회에 잘 적응하고, 시대를 이끌어가는 일꾼을 만들고자 노력하는 것이 아닐까 싶다.

지덕체기智德體技를 겸비한 현대인을 만들기 위해서는 아이의 기본 바탕을 잘 조성해 줘야 한다. 그 바탕이란 아무래도 인성, 즉 사람다움일 것이다. 갈수록 살벌해 지고 잔인해 지는 세상에서 우리 아이만큼은 따뜻한 마음으로 옳은 인성을 지니고 행복을 추구하기를 바라는 것, 이것이 모든 부모의 소원일 것이다. 공부는 그 다음이지. 아무리 공부를 잘하더라도 인성이 결여되면 세상에서 행복하게 살 수가 없단다. 우리는 주위에서 잘못 성장한 어른들을 많이 만난다. 겉은 화려하고 복 받은 것처럼 보여도 남에게서 손가락질을 받는 사람들 말이다. 사람은 염력念力을 가진 존재라서 남의 지탄과 비난을 받으면 불행해 진다. 아무리 돈이 많고 많이 배웠다 해도 남의 미움과 조소가 그의 삶을 불행하게 만들어 버린다는 말이다. 참 무서운 일이지. 어떤 점에서는 세상이 참 공평하다는 생각조차 들게 한단다.

이런 의미에서 엄마는 아이의 미래를 책임지는 최고의 선생님이다. 아이를 기르는 24시간 전체가 아이에게 영향을 주는 전인교육 과정이기 때문이고, 엄마만큼 내 아이를 사랑하는 사람이 이 세상에는 없기 때문이다.

지금 온갖 과외의 열풍이 사회를 강타하고 있지만 결국 교육은 가정으로 되돌아오고 말 것이다. 인간이 되고 나서 다른 가치를 바라는, 새로운 트렌드가 보이고 있기 때문이다.

미국에서는 '기본가정으로 돌아가자Come back to Basic'는 운동이 벌어지고 있다고 한다. 자본주의와 물질 문명의 대국인 미국이 황폐해진 인성 때문에 불행의 나락으로 떨어질 지도 모른다는 위기감을 갖고, 인간성 회복 운동을 부르짖고 있는 것이다.

자, 앞으로 엄마 선생님MT : Mother Teacher의 길을 새롭게 개척하려는 딸아!

너에게 따뜻한 격려의 말을 주고 싶다.

분명 너는 지금 세상을 앞서 나가는 사람이며, 아이를 올바르고 똑똑하게 키우는 지혜의 밭을 일구는 가장 좋은 선생님이 될 것이다.

올바른 말을 배워야 인성이 바로 선다

사랑하는 딸아!

요즘 사람들이 생각 없이 쓰는 말들이 하나 둘이 아니어서 걱정이다. 아버지는 만날 무슨 걱정이 그렇게 많으냐고 지청구를 해도 할 수 없구나. 자꾸 생각이 나는 걸 어쩌니. 네 엄마는 이런 나를 보고 "실업자와 거지가 나라 걱정 제일 많이 하는 법"이라고 말하더라만.

말이란 곧 사람 그 자체인데, 선진국이 되려면 국민들의 '말씀' 이 품위가 있고 말씨의 올이 바라야 하는데, 그렇지 못하여 걱정이다. 특히 TV 등 대중매체에서 아무 거리낌 없이 국어를 오용하고 오염시키고 있으니 큰일이다.

그중 '너무' 와 '같아요' 라는 말이 정말 너무 많이 오용되고 있다.

▶ "한번 드셔 보세요. 맛이 어때요, 이 음식." "네, 너무 좋은 것 같아요."

▶ "용돈을 받으니 기분이 어때요?" "너무 좋은 것 같아요."

▶ "이 옷 어때요?" "네, 너무 아름다운 것 같아요."

여기서 '너무' 라는 단어는 본래 부정적인 어찌씨(부사)임에도 불구하고 긍정적인 의미로 쓰였다.

'넌 해도 너무한다.' '난 저런 것 너무 싫어.' 처럼 써야 옳다.

따라서 기분이 좋을 때는 '너무 좋다' 가 아니라 '참 좋다' '아주 좋다' '매우 좋다' 고 말해야 한다. 맛이 있을 때도 '너무 맛있다' 가 아니라 '참 맛있다' '아주 맛있다' 고 해야 맞는 말이다.

그리고 '같아요' 라는 말은 불확실한 것, 자신 없을 때 쓰는 설명 어미이다.

“이 돈 얼마쯤 될까요?” “5만 원 정도 될 것 같은데요.”

이렇게 사용할 때는 ‘같아요’ 표현이 옳다.

하지만 기분이 좋으냐고 묻는데, ‘좋은 것 같아요’ 라고 말하면, 좋다는 것인지 아니라는 것인지, 정말 주관 없는 표현이다. 배가 고프냐고 물으니 ‘고픈 것 같아요’ 라고 말하면, 배고픈 것인지 아닌지 몰라, 누가 밥을 주겠나.

제발 ‘너무’ 라는 부사를 ‘너무 남·오용하지 말아 달라.’ 라고 부탁하고 싶다. 그리고 ‘같아요’ 라는 말 역시 똑 부러지는 신세대들의 특성에는 정말 맞지 않는 어법이다.

나는 TV나 라디오에서 이 두 단어를 잘못 사용하는 연예인이나 출연자를 보면, 그의 교양과 실력이 의심스럽고, 귀가 아파서 금방 채널을 돌려버린다. 젊은이들이 함부로 쓰는 용어와 용법은 어린아이에게 그대로 전해진다. 그런 말을 쓰는 엄마가 아이의 언어생활을 바르게 지도할 수가 없는 것은 당연하지 않겠니?

부모는 자녀 교육에 무한책임이 있다

사랑하는 딸아!

여러 번 네게 해준 이야기지만 네 할머니는 10남매를 낳으셨는데, 셋을 잃었단다. 어렸을 적에는 단칸방에서 강아지처럼 다투며 자라느라 형제가 꽤 많은 것 같았는데, 크고 보니 그렇게 많은 수가 아니더구나.

시골에서 농사지으며 살던 네 조부모님은 휴전 후 어려운 농촌에서 벗어나기 위해 도회지로 무작정 흘러들어 왔다. 배운 재주라곤 농사짓는 것밖에 없는 농부 부부가 도회지로 흘러들어와 할 수 있는 일이라곤 잡역부 정도였단다. 그것도 일이 흔치 않은 50년 전 지방 소도시에서 우리 식구들은 그야말로 입에 풀칠하며 살았다.

너의 할머니는 대단한 여장부이셨다. 내가 어렸을 때는 어린 자식들을 치마폭에 달아 줄줄이 끌고 다니며 부잣집 잔칫날이면 온 식구들을 다 얻어 먹이셨는데, 그러면서도 늘 큰 소리쳤다. "우리 아이들이 얼마나 잘나고 똑똑한 지 두고 봐. 제일 무서운 것이 자라나는 아이들이라는 것 몰라?" 가난한 우리들을 무시하던 사람들 앞에서 그렇게 당당히 호령하시던 어머니의 목소리가 지금도 귀에 쟁쟁하단다.

그러는 가운데도 할머니는 '배워야 산다.' 라며 자식들을 다그쳐 공부하게 했다. 딸들은 초등학교밖에 못 마쳤지만 아들들은 어떻게 해서라도 중학교를 보내려고 무진 애를 쓰셨다. 부모의 이런 노력을 왜 자식들이 모르랴. 고학을 하면서 우리 형제들은 열심히 공부했다. 그때 부모가 생각이 짧은 분이었다면 당장 돈 벌어오라고 자식들을 다그치셨을 것이다. 이웃집 친구들은 모두 일터에 나갔을 때이니까. 하지만 부모님은 굶으면서도 자식들 가르치려고 온갖 고생을 다하셨다. 그래서 오늘의 나와 네 삼촌들, 고모들이 있다고 생각한다. 자식에게 물려줄 최고의 유산은 교육이라는 것을 증명해 보이셨지.

부모님의 자식 사랑과 자녀 교육에 대한 열망은 우리 형제들에게 그대로 이어져 자식 교육에 부모님 이상으로 열과 성을 다했다.

네 할머니는 내가 사과 궤짝을 엎어 책상으로 쓰던 탁자 앞에 호롱불 켜놓고 공부할 때면 늘 옆에서 헌 양말과 속옷 등을 꿰매면서 내 말동무가 되어주시곤 했다. 어린 나에게는 어머니의 격려와 솔선하시는 모습이 뼈에 사무칠 정도로 와 닿아 도무지 꾀를 부릴 수가 없었단다. 그때 책을 놓지 않은 것이 오늘의 나를 있게 한 원동력이었다고 생각한다.

우리 부모님은 자식이 어긋나지 않고 바르게 커나갈 수 있도록 격려하고 혼내고 또 용기를 주셨다. 가난하여 입을 것 먹일 것 제대로 챙겨주지 못하여 항상 가슴 아파하셨지만 아이들 훈육에는 호랑이 같이 엄했다.

"너희들이 가난한 집안에서 자란다고 버르장머리 없고, 남의 물건이나 탐내고, 남의 어려움을 모른 체한다면 그것은 인간이 아니다. 가난이라는 것은 사람을 겸손하게 만들어주고, 쌀 한 톨의 가치를 소중하게 여기도록 만들어 주는 살아있는 선생이다. 절대 비굴하지 마라."

이것이 우리 부모님의 자녀 교육 철학이요 일생 변치 않으신 훈육

방침이었다.

"가난이라는 것이 자랑은 아니지만 수치도 아니다. 항상 떳떳해라. 그리고 그 가난에서 벗어나기 위해서 노력을 하라."

우리 형제들이 비굴하지 않고 떳떳하게 자라도록 이끌어주신 부모님은 나에게는 최고의 스승이다. 그런 보이는 보이지 않는 가르침 때문에 나도 너희를 그렇게 가르치려 애썼단다.

너는 기억하지 못하겠지만 아버지는 크게 감동했던 기억이 선하다.

네가 초등학교 4학년 때 학교에서 '가정환경 조사서'를 써오란다고 가지고 왔었지. 나는 네가 이것저것 쓰는 것을 모른 체 했다. 자가용은 커녕 전화도 TV도 냉장고도 아무것도 없는 우리 집 형편을 잘 아는 너는 조사표 안에 모두 X표를 치고 나더니 존경하는 인물을 쓰고 있었다. 그런데 정말 기절할 일이 일어났지 뭐니. 국내 인물 중에 '가장 존경하는 인물란'에 '아버지'라고 쓰는 것이 아닌가. 나는 황당하여 그게 아니라 세종대왕이나 이순신 장군 같은 분을 쓰는 것이라고 말했더니 네가 하는 말이 걸작이었다.

"아빠, 저는요. 그분들 잘 몰라요. 난 우리 아빠가 이 세상에서 가장 존경스러워요."

이 말을 듣는 순간 나도 모르게 눈시울이 뜨거워져 어쩔 줄을 몰랐단다. 어린 것이 뭘 안다고 그랬겠느냐는 생각이 들지만 열 살 먹은 네 입에서 나온 그 말 한마디가 내 일생을 좌우하는 금언이 되고 말았다. 정말 자식 양육은 부모의 무한책임이라는 것을 깨닫게 해준 일대 사건 이었다. 너는 지금 까마득히 잊고 있을 게다. 언제 그런 애길 했는지조 차 모르지. 그것이 아이들이란다. 슬프고 기쁘고 감격스런 일들을 잘 잊는 것이 아이들이야. 하지만 부모는 자식의 모든 것을 기억한단다.

어린아이와의 대화가 제일 어렵다

사랑하는 딸아!

현대 사회에서 부모 노릇을 제대로 하기란 쉽지 않단다. 따라서 서 로가 바쁜 나머지 가족 간의 대화 시간이 부족할 때는 효율적인 대화 법을 개발하여 사용하는 것이 좋다. 어떤 방법이 있을까. 부모와 자녀 간의 관계를 개선해줄 뿐만 아니라 아이에게 자신감과 성취감을 불어 넣어 행복지수를 높이는 대화의 기술을 전은경_{자유기고가}씨의 견해를 참 고하여 적어본다.

첫째, '말하지 않아도 알 것' 이라는 생각을 버려라.

부모 자식 간에 한집에서 한솥밥 먹는 사이인데 '미안하다', '고맙 다' 라는 말을 번번이 말하지 않아도 내 맘을 알아줄 것이라는 생각은 오해다. 더욱이 어린아이들은 부모의 깊은 심지를 헤아리지 못한다. 부모가 자신의 감정을 표현하지 않으면 아이는 도리어 무관심으로 받아들이기 쉽다. 그러니 아이에게 고맙다, 미안하다, 기쁘다 등등의 말을 적극적으로 표현해 보자. 그래야 대화가 된다. 대화의 시작은 속마음을 표현하는 데서 시작되기 때문에.

둘째, 아이의 말에 귀를 기울여라.

부모는 아이의 말을 경청해야 한다. 어린아이의 한 마디 한 마디에 관심을 기울이고 적극적으로 반응을 해줄 때 아이는 기분이 좋고 더 신이 나서 말하게 된다. 아이가 엄마 앞에서 자꾸 재잘대게 해라. 아이에게 조언을 하거나 격려를 하는 것도 좋지만, 그 전에 먼저 아이의 말을 잘 듣고 공감해 주는 것이 필요하다. 다만 아이가 말의 줄거리를 잊어버리고 이말 저말 섞어 할 때는 차분히 그 줄거리를 함께 잡아나가는 노력이 필요하다. '쓸데없는 말 하지 말라'든가 '입 다물지 못해!'라는 지청구를 듣는 아이는 점점 입을 열지 않게 된다.

셋째, 아이의 호기심과 창의력을 일깨워 주어라.

아이들은 말문이 트일 때부터 '왜?'라는 말을 달고 산다. '비는 왜 와?', '불은 왜 뜨거워?', '엄마네 엄마는 어디 살아?', '엄마랑 아빠는 왜 싸워?' 등등 가끔은 대답하기 어렵고 난처한 질문을 하기도 한다. 아이로부터 질문을 받았을 때 부모니까 모든 질문에 대답해야 한다는 강박관념을 버리고, 동등한 입장에서 대화를 나누면 이런 상황에 대처하기가 훨씬 수월해진다. '넌 몰라도 돼'. '그런 질문이 어딨니?' 같은 대답으로 아이의 입을 막는 잘못을 해서는 안 된다.

아이는 부모로부터 정답만을 원하는 것은 아니다. 아이가 호기심을 발휘해 스스로 생각하고 질문해볼 수 있도록 질문을 유도하면 아이는 스스로 답을 찾아낸다. 아이가 그림책을 보다가 '공룡은 왜 죽었어?'라고 물었을 때 '글쎄, 공룡한테 물어볼까?'라는 식으로 아이에게 답을 유도하면 의외로 많은 아이들이 답을 찾아내려고 애를 쓴다. 아이의 답이 정답이 아닐 때에도 '그건 틀렸어.'라기보다는 '과학책에서 찾아볼까?'라고 말하며 호기심을 지속시켜 주는 것이 좋다. 이런 경험이 축적될 때 아이는 자기의 정체성과 창의력을 높일 수 있다.

넷째, 아이를 믿어주고, 사소한 실수에는 화내지 마라.

부모가 아이의 말에 '너 거짓말하는 거지?'라고 묻는다면 아이의 마음은 어떨까. 설령 아이가 실수를 변명하기 위해서 거짓말을 한다고 하더라도 힐난하지 말고 아이를 믿는 자세를 보여야 한다. 부모가 아이를 믿을 때 아이도 부모를 신뢰할 수 있게 된다. 사소한 실수는 어른들도 한다. '너는 도대체 눈이 있니 없니?', '너는 도대체 생각이 있는 애니 없는 애니?'라는 야단을 들으면 아이는 금세 주눅이 들기 마련이다. 그보다는 '괜찮아. 다음에는 잘할 수 있을 거야!'라는 한마디에 아이는 안정과 평화를 얻는다. 언제 어디서라도 자신을 신뢰해 주는 부모가 있다는 믿음은 아이를 매사에 자신 있게 만든다.

다섯째, 칭찬을 아끼지 마라.

우리나라 어른들은 남을 칭찬하는 데 참으로 인색하다. '칭찬은 고래도 춤추게 한다.' 라는 말이 있듯이 애나 어른이나 칭찬을 들으면 행복해진다. 따라서 아이의 부족한 점, 잘못한 점을 지적하여 혼내기보다는 잘한 부분을 칭찬하는 것이 좋다. 단, 칭찬은 잘한 내용에 대해 구체적일수록 좋다. 예를 들어, 시험을 본 뒤 가지고 온 성적표를 보고 '수학점수가 지난번에 비해 형편없잖아.' 라기보다는 '이번에는 국어 점수가 올랐구나.' 라고 칭찬하는 것이 좋다는 이야기다. 자신의 부족한 점을 지적당할 때 아이는 심란해지고 의욕도 상실된다. 반대로 칭찬 받을 때 아이는 자신감과 의욕을 갖게 된다. 아이에게 격려와 칭찬만큼 좋은 영양제는 없다는 것을 기억하자.

말이 씨가 된다는 것은 무서운 진리이다

오늘은 내 친구 이야기를 해주마.

그 친구는 '거침없이 하이킥'식으로 정말 입에서 말이 나오는 대로 말하는 사람이다. 그래서 그의 옆에 가면 누구든 그의 입에서 무슨 말이 떨어질지 전전긍긍한다. 그런데도 그가 동료들로부터 따돌림을 받지 않는 이유는, 입은 험하지만 매사에 공평하고 정직하고, 나아가 동료들의 길흉사 챙기는 연락 업무를 맡고 있기 때문이었다.

하지만 나이 60이 넘은 그의 입에서 상스런 말이 상투적으로 쏟아져 나올 때면 누가 들을까 얼굴이 화끈거려지고, 나 역시 그런 부류의 사람으로 평가받지나 않을지 주위를 둘러보게 되는 것도 사실이란다.

사람은 성장하면서, 아니 나이 들어가면서 모든 것이 익어가야 하는데, 그중에서 제일은 말하는 태도가 아닐까 싶다. 말은 인품이요 인격이요 실력을 평가하는 기본이라는 점을 다 잘 알고 있으면서도 막상 남과 말할 때는 실천하기가 쉽지 않다.

현대 사회가 경쟁 사회라서 그런지, 여럿이 모여 말할 때면 남보다 더 말하려 들고, 또 조금 더 격하고 강하게 말함으로써 자기가 좌중을 압도했다는 착각에 빠지는 사람도 있다. 직장에서 회의할 때도 어떤 상관은 자기 혼자만 말한다. 자기 생각을 강요하고 온갖 이유를 들이대며 부하들을 주눅이 들게 하기도 한다. 그것은 회의가 아니라 설교요 일종의 기합이 아니겠니. 그리고 남과 싸울 때도 조용조용히 말로 흥정하듯 싸우는 사람이 있는가 하면, 오만상을 찌푸리며 거친 태도와 말로 상대방에게 대드는 사람도 있다.

예로부터 어른들이 그랬지. 여자의 목소리가 담장을 넘으면 집안이 잘 안 된다고 말이다. 나는 그 말을 듣고 좀 과한 표현이 아닌가 했는데, 우리 주위에서 봐도 안주인의 목소리가 이웃에게까지 들릴 정도로 격한 집안은 이웃들에게서 별 환영을 못 받고, 그로 인해 소외당하는 것을 본다. 하기야 요즘 같이 집들이 밀집한 동네에서야 어지간한 소리도 들리기는 하지만. 엄마가 사용하는 말의 품격言格은 아이의 인격 형성에 절대적인 영향을 준다는 것, 너는 알 게다. 유아시절부터 엄마의 다정한 음성을 듣고 자란 아이, 좋은 말, 아름다운 표현, 듣는 이를 배려하는 태도를 보고 듣고 배우며 자란 아이는 모든 일에 차분하고 제 일을 스스로 잘 챙기며, 남에게도 부드럽게 말한다. 반대로 거친 엄마 옆에서 욕을 듣고 배우며 자란 아이는 심성 자체가 전투 모드로 바뀌고, 동무들과 대화할 때도 잘난 척을 하고, 대화를 독식하려 든다. 그런 아이는 민주 시민으로서 흠결을 갖고 마는데, 나이가 들어서도 자기의 언어생활에 어떤 문제점이 있는지 발견하기가 어려워 자체 수정에 한계를 드러내게 된다.

말이라는 것, 정말 어렸을 때부터 제대로 가르치고 고쳐줘야 할 소중한 인격의 콘텐츠가 아닐까 싶다. 그렇지 못하면 정말 나쁜 씨가 되어 인생을 망치게 되고 마니까.

세상에서 가장 무서운 것은 '자식의 눈'이다

사랑하는 딸아!

자식은 부부의 사랑의 결실이다. 그래서 부모는 자식을 눈에 넣어도 안 아픈 존재로 생각하며 열심히 키운단다. 그러나 아이가 커가면서 부모에게 아이는 새로운 존재로 다가온다. 물론 아이 역시 자라면서 어린 시절에 가졌던 부모에 대한 의존도에서 벗어나 독립을 갈구한다. 이것은 사람뿐만 아니라 모든 동물들에게 공통된 현상이다.

맹금류가 특히 그렇지만, 애지중지 기른 새끼가 어미가 되는 그날부터 어미는 자식을 매몰차게 내쫓아 독립을 시킨다.

하지만 인간은 동물과 달라서 결혼 후에도, 아니 죽을 때까지 자식이라는 '행복한 질곡'에서 벗어나지 못한다. 그래서 어떤 부모는 자식을 원수라고 생각하는 사람도 있고, 어떤 이는 축복의 선물로 고마워하는 이들도 있다. 아무튼 부모 자식 관계는 삶과 함께 얽힌 영원한 동반자이다.

태교에서부터 유아교육, 학교교육을 거쳐 사회에 진출하는 동안 아이에게 가장 큰 영향을 주는 사람은 당연히 부모이다. 그래서 아이는 부모를 보고 자란다. 아니 정확히 말하면 부모의 뒤통수를 보고 자란다고 해야 맞을 것 같다. 그런 까닭에 부모에게 제일 무서운 것은 집안 어른의 눈과 함께 자식의 눈이다. 이웃이나 경찰의 눈보다 더 무서운 것이 자식의 눈이다. 자식은 부모의 일거일동 일언일행을 다 보고 있다. 안보는 체, 안 듣는 체하지만 사실은 가슴 깊이 새기고 있다.

어렸을 때는 그대로 따라 배우려고 유심히 보고, 나이가 차면 비판적인 눈으로 부모를 바라본다. 한마디로 존경할만한 존재인가 여부를 매일 점검하다시피 한다. 그래서 부모는 함부로 행동하지 못한다. 아무리 배우지 못한 부모라 할지라도 일단 자식을 낳아 키우는 사람이면 자식에게 부끄럽지 않게 살려고 노력한다. 그것이 부모 된 최소한의 도리이다.

자식을 호의호식시키고 용돈을 잔뜩 쥐어주는 부모가 좋은 부모는 아니다. 그보다는 사람답게 살아가는 모습을 언행으로 가르치는 인생의 스승다운 부모가 참된 부모이다. 자고로 훌륭한 인물의 부모를 보면 정직하고 겸손하고 검소하게 산 사람들이다. '콩 심은 데 콩 나고, 팥 심은 데 팥 나는 이치'는 사람 농사만큼 정확한 곳이 없다.

지금은 '얼짱·몸짱'만이 아닌 '오짱五長' 시대

사랑하는 딸아!

요즘 세상은 갈수록 얼짱 몸짱 신드롬이 높아간다. 그래서 성형외과를 비롯한 의료·미용 등 메디 뷰티medi-beauty 산업에 근무하는 근로자들이 증가했고, 매출도 크게 늘어 각광을 받고 있다고 한다.

아마 그 분야에 근무하는 사람들은 상당 기간 실직당할 염려가 없을 것 같구나.

우리나라 사람들의 외모 중시 성향은 그야말로 눈물겨울 정도이다. 오죽하면 외모를 비관하다가 스스로 목숨을 끊는 일이 나타나겠니.

이것은 아름다워지려는 본능과 외모를 중시하는 사회적 열망이 함께 어우러져 만들어낸 비정상적인 현상이다. 그렇다고 비판만 한다고 능사는 아니다. 아름다워지려는 욕구를 충족시키면서 다른 측면을 보완해 나간다면 금상첨화가 아닐까 싶다. 그래서 나는 얼짱 몸짱을 포함하여 '오짱'을 함께 해나가자고 젊은이들에게 강조하고 싶다. '오짱' 이란 다섯 가지 분야에서 앞서가자는 얘기지.

첫째, 얼짱몸짱이다. 가급적 남에게 아름답고 멋있어 보이도록 노력하는 것은 좋은 일이다. 다만 외모와 태도, 말씨까지 포함해야 한다. 얼굴만 예쁘고 말이 거칠면 그것은 바람직하지 않다.

둘째, 지知짱이다. 뭔가를 더 알아야 한다는 말이다. 지식 사회에 맞춰 지식과 정보를 얻는 일에 게을리하지 말자. 머리가 비었다는 말을 듣는 것은 수치이며, 그런 사람은 앞으로 발전할 수가 없다.

셋째, 정情짱이다. 인정이 있는 사람이 되라는 말이다. 사람의 기본인 따뜻한 심성을 가꾸자. 차가운 인성은 어느 누구에게도 환영받지 못한다.

넷째, 예禮, 藝짱이다. 이것은 예절과 문화예술적인 소양을 갖춰나가자는 말이다. 예의바름은 곧 인간됨의 상징이요, 문화예술의 소양은 문화 시대를 살아가는 젊은이들의 필수 조건이 아닌가.

다섯째. 기技짱을 연마하자. 현대 사회에 필요한 기술과 기능, 즉 재주를 연마하여 삶의 수단으로 삼자. 직업을 갖고 자아실현하고 싶다면 남보다 더 나은 기술을 익혀야 하는 것은 기본이 아니겠니?

위에 말한 다섯 가지를 다 갖추기는 참 어려울 것이다. 그렇다고 포기한다면 그만큼 남모다 뒤떨어질 수밖에 없는 것이 현실이니 부지런히 자기를 갈고 닦아야 할 것이다.

배움, 그 한없는 갈증을 채워라

책 읽기를 좋아하는 딸아!

사람은 태어났다고 해서 모두가 사람이 아니라고 말들 하지. 부족하고 모자란 것이 사람인지라 살아가면서 배워야 사람이 되는 것이란다. 또한 겉모양만 사람 꼴을 했다고 다 사람이 아니다. 사람으로서의 품격을 갖춰야 사람이지.

그렇다. 내 경험에 의하면 사람은 배워야 세상에서 낙오되지 않고 살아갈 수가 있다. 끊임없이 배우지 않으면 요즘 같은 지식·정보·문화 사회에서 낙오되고 만다.

옛 성현들의 말을 들어보면, 배움에는 왕도가 없고, 배움만큼 인간 수양과 삶에 있어서 소중한 가치도 없다. 또 우리는 세 살 때부터 배워야 한다고 들었잖니. 가장 중요한 배움은 초등학교 입학 전 부모에게서 배우는 것이지. 삼세지습 지어팔십三歲之習 之於八十이라, 세 살 버릇 여든까지 간다고 했으니, 세 살 때부터 배우는 버릇을 익히면 죽을 때까지 배우는 자세를 가지고 살아갈 수 있다.

이러한 기초 가정교육은 곧 학교교육으로, 그리고 또 사회교육으로 이어져 한평생을 배우며 살아가는 버릇을 습관화하게 되니 얼마나 좋으냐.

공부하는 사람은 미래가 가장 확실한 사람이다. 아니 공부하는 사람은 자기의 미래를 개척할 수 있는 독한 사람이다. 그래서 공부하는 사람에게는 비전이 보인다.

원이유광자遠而有光者는 식야飾也요, 근이유명자近而逾明者는 학야學也니라. 이는 『대재예기大載禮記』의 「근학편勤學編」에 이르는 말이다.

'멀리할수록 빛나는 것은 꾸밈이지만, 가까이할수록 밝아지는 것은 배움'이라는 말이다. 그렇단다. 외모나 겉치장은 멀리하고, 그 대신 배움은 가까이할수록 삶의 지혜를 주는 밝은 빛이 된다.

불학자지不學自知하고 불문자효不問自曉는 고금행사古今行事에 미지유야未之有也니라. 한나라 왕충王充의 『논형論衡』에 이르는 말이다.

'배우지 않고도 스스로 알고, 묻지 않고도 스스로 깨닫는 자는 고금을 훑어보아도 있은 적이 없다.' 라는 말이다. 아무리 똑똑한 사람이라 할지라도 배우지 않고는 스스로의 앎에는 한계가 있기 마련이고 남에게 묻지 않고 깨달음을 얻을 수는 없잖겠니. 사람은 끊임없이 배우고 쉼 없이 남에게 물어 깨우쳐야 한다. 그래야 삶의 궁극적인 가치를 발견해 나갈 수가 있는 것이다.

배움에는 나이와 신분과 직업이 문제가 아니다. 또 장소와 시간이 문제가 아니다. 배우고자 하는 대상 역시 꼭 정해져 있는 것도 아니다. 문제는 나 스스로가 얼마나 배움에 목말라하느냐 하는 것일 따름이다. 목이 말라야 지혜의 물을 찾으니까. 아무리 몸에 좋은 보약도 스스로 먹지 않으면 몸에 이로움을 주지 못하듯이, 좋은 책을 많이 쌓아두었다고 공부가 되는 것은 아니다. 더구나 남이 공부하는 것을 보고 배 아파하는 사람은 자기의 미래가 어두울 수밖에 없다.

특히 젊은이들이 배움에 게으르면서 행복한 미래를 꿈꾼다는 것은 그야말로 연목구어緣木求魚라, 나뭇가지에 올라 물고기를 찾는 어리석은 짓이지. 젊어서 할 수 있는 최고의 투자는 '배움'이요, 나이 들어 얻을 수 있는 최고의 보람은 '가르치는 일'이라는 것을 다시 한 번 깨닫는 요즈음이다.

TV 보는 만큼만 신문을 읽자꾸나

드라마를 좋아하는 딸아!

우리나라 여성들, 특히 아줌마들은 TV드라마에 열광적이라는 것은 너도 인정하지? 아침저녁 TV드라마는 아줌마들이 외면하면 곧 막을 내리고 말거든. 내가 보기에 너나 네 언니나 심지어 손녀들까지도 드라마에 빠져 있다.

문제는 드라마를 보는 만큼 신문을 읽지 않는다는 것이 우리 집 여자들의 공통점이라면 내가 욕을 먹을까? 물론 눈과 귀가 즐거운 드라마만큼 신문 읽기가 재미있는 것은 아니다. 하지만 세상 살아가는데 꼭 필요한 정보와 재미가 신문처럼 잘 담겨진 값싼 정보 오락지가 또 어디 있을까. 그래서 나는 너에게 신문을 정독할 것을 권해 왔다. 그런데도 그렇게 정독을 하는 것 같지 않아 서운하더구나. 또 읽고 싶은 부분만 읽는 것도 문제이다. 세상사가 어디 하고 싶은 일, 알고 싶은 일만 알면 되더냐?

신문을 보면 세상이 보인다고 말하는 것, 그냥 해보는 소리가 아니란다. 신문을 읽으면 지식과 정보가 명료해지고, 머리가 정리된다. 세상사에 대한 주관적인 판단력이 생긴다. 그래서 누구의 강요 없이도 자연스럽게 인간과 세상을 공부할 수가 있는 이점이 있지. 신문은 활용하는 사람의 관점에 따라 소중한 지식과 정보의 은행이 될 수도 있고, 그와 반대로 단순한 폐지로 될 수도 있다. 역대의 유명한 인물들을 보면 신문을 통해 세상 공부를 했다고 한다.

대표적인 인물이 히틀러이다. 그는 신문의 전 페이지를 매일 정독했다고 한다. 그 결과 낮은 학력에도 불구하고 대독일제국을 만드는데 일정 부분 기여한 인물로 평가받고 있다.

요즘 신문은 별책부록도 양질이어서 경제 공부, 육아 공부, 비즈니스, 관광 생활정보 등 별도의 섹션 자료도 풍부하다. 온통 현란한 광고로 도배한 비싼 여성잡지와 비교가 안 될 정도로 알차고 재미있다.

또 신문만큼 값싼 정보지도 없다. 30여 페이지에 달하는 대판 정보지 한 부가 600원이니 이보다 값싼 책이 어디 있을까? 붕어빵 세 개 값이면 고급스런 최신 지식과 정보를 알차게 살펴볼 수가 있으니 얼마나 좋은가 말이다.

내가 눈이 어둔 탓인지는 몰라도 젊은 여성이 시내 가판대에서 신문을 구입하는 모습을 본 일이 없다. 집에서 다 읽고 나오기 때문에 그럴 것이라고 생각은 하지만, 직장에서도 진지하게 신문을 읽는 여직원을 찾아보기가 쉽지 않더라. 다행인 것은 지하철역에서 여러 종류의 무가지가 배포되고 있는데, 이것을 읽는 젊은 여성들이 늘어나고 있다는 점이다. 다시 한 번 너에게 신문과 친해져 보라고 권하고 싶다. 특히 취업 준비를 해야 하는 입장에서는 하루에 한 시간 정도는 그날의 신문을 정독해 주기 바란다.

나의 혀는 복福과 화禍의 뿌리이다

사랑하는 딸아!

내게는 만나면 반가워 옛날을 즐겨 이야기하고, 말씨도 어린 시절의 투로 돌아가 심지어 욕지거리도 서슴지 않고 해대는 친구가 있다. 상스런 용어까지 이용하여 친밀감을 표현하려고 드는 그에게 큰 거부감을 느끼지 않는다.

우리가 나누는 화제話題는 고향 이야기, 학생 때 이야기, 특히 군대 이야기 등 화제는 무궁무진하다. 아마 여성들도 특유의 공감 어린 화제가 많을 것이다.

그러나 친밀감의 표시도 나이와 장소를 가려하는 것이 좋지 않을까 싶다. 나이를 제법 먹은 사람들이 10대들처럼 때와 장소를 불문하고 매양 욕설 비슷한 용어로 대화를 나눈다면 말하는 사람이나 듣는 사람, 그리고 주위에서 지켜보는 사람들 모두가 불편할 것이 아닌가 싶다.

요즘 버스나 지하철 안에서 만나는 중고등학교 학생들의 언어를 듣노라면 씁쓸한 기분이 든다. 사용하는 언어의 70% 이상이 욕설과 비속어와 은어이다. 세상살이가 각박해진 탓일까? 아니면 언어 사용에 본보기를 줄만한 사람이 없어서일까? 그도 저도 아니면 그렇게 언어를 사용해야 그들 세계에서 '짱長'으로 대우를 받는 것일까?

우리가 사람을 만나는 것은 그와 더불어 친화를 익히고 좋은 기분을 포함하여 무엇인가 얻고자 함이 그 목적일 것이다. 그 방법으로 서로 덕담을 나누고, 정보를 교환하고, 업무를 상호 협력한다. 그리고 또 다른 만남을 준비하는 과정을 통하여 서로의 앞날에 힘을 얻는다.

세상을 오래 살다 보면 사람에게 희망을 주는 것도 사람이고, 절망을 안겨주는 것도 사람이라는 것을 절실히 느끼게 된다. 가급적이면 희망을 주는 사람이 고맙고, 누구나 그런 사람이 되고 싶어 한다.

우리는 정치생활이나 직장생활 또는 크고 작은 모임에서 리더를 뽑고 그 리더에게 큰 기대를 한다. 그를 뽑은 사람들은 그가 정직하고 헌신적이며 능력을 발휘하여 모든 사람들에게 이익이 돌아오도록 말하고 행동해 줄 것을 암묵적으로 원한다. 특히 정치인들의 경우에는 거짓과 진실 사이의 경계가 너무 애매하여 진실한 정치인이라면 조금 능력이 뒤진다 싶어도 밀어주려고 하는 것이 일반적인 심정이다.

모든 복福은 입에서 시작되고 모든 화근禍根 역시 입에서 비롯된다고 한다. 말이 씨가 된다는 것을 염려하여 누구든 만나면 서로 덕담德談을 나누도록 다짐하자. 남에게 덕을 주는 말은 곧 나에게 덕으로 돌아오고, 그 덕이 쌓이면 어려운 일을 성사시키는 힘을 얻게 될 것이므로 이제부터 '안 된다' 는 말은 접어두고 희망과 가능성을 이야기하자. 만나면 즐겁고 희망을 얻는 그런 사람이 되도록 하자. 짧은 인생, 자랑과 긍지와 즐거움만을 얘기해도 모자랄 시간인데, 비탄과 남에 대한 험담으로 허구한 날을 지새우지 말자.

이제부터 '너는 이래서 안 되고, 나는 이래서 성공할 수 있다.' 라는 아집과 오만을 버리고 '너 잘되고 나 잘되고 우리 다 잘되자.' 라는 상생의 이야기를 하자. 서로가 희망을 만들려고 노력하는 사람이 모이는 사회와 조직이 큰 발전을 가져올 테니까.

3. 신 회초리학 : 육아와 교육의 지혜

아이 잘 키우는 것, 최고의 예술창작 활동이다

사랑하는 딸아!

우리나라 젊은 엄마들은 자아실현에 목말라 있다.

사랑하는 남자를 만나 양가의 축복 속에 결혼했지만 아이 낳고 살다 보면 어느새 '나' 라는 존재는 잊히고 마는 세월이 야속한 거다. 남편과 시댁과 아이에 부대껴 어영부영 세월만 가고 주름살만 늘어가는 것이 안타깝기도 하고. 결혼만 하면 매일 행복의 구름 위에서 놀 줄 알았는데, 오히려 매일 빨래와 청소구덩이에 빠져 헤매니 자아실현이란 아득한 '전설의 고향' 으로 묻히는가 싶어 초조해 한다.

이런 현상은 전업 주부나 취업 주부에게 공통되는 현상이다. 전업 주부가 무기력과 권태에 빠져 있다면 취업 주부는 초조와 번민, 피로에 빠져 허우적대고 있다. 이런 상황이 계속된다면 본인도 고통스럽고 가정도 원만하지 못하며 아이도 정상적으로 성장할 수가 없다. 그래서 나는 타협하기를 권한다.

먼저 육아에 대한 인식을 올바르게 갖자는 것이다.

첫째로, 육아는 고통스럽고 짐스럽고 짜증나는 과외의 노동이 아니라, 내가 낳은 최고의 인간 생명 예술작품으로 만들어내는 거룩한 작업이다. 이 세상에서 육아만큼 성스런 노동이 어디 있는가. 고통스럽고 힘들지만 가장 보람 있고 값진 노동이다. 출산 이후 하루가 다르게 성장해 가는 아이를 본다는 것은 얼마나 즐거운 일이랴.

둘째, 최소한 아이가 만 세 살이 될 때까지는 아이와 함께 지내라고 권하고 싶다. 세 살 버릇이 평생 간다는 것은 단순한 버릇 얘기가 아니라 인성의 창조 과정이 중요함을 말한다. 엄마 품속에서 성장한 아이와 남의 품속에서 자란 아이의 인성의 품질이 같을 수가 없지 않겠니? 오죽하면 가사도우미 손에 자란 아이는 도우미를 닮는다고 할까. 도우미의 실력과 인품을 무시하여 하는 말은 아니다.

인성이란 사람에게서 가장 중요한 가치와 경쟁력인데, 그 인성의 품질을 고급으로 키우지 못하고 나서 나중에 아이가 성공하기를 바란다는 것은 있을 수 없는 일이다. 고로 취업 주부라 할지라도 그 기간만큼은 휴직을 권한다. 만일 휴직이 여의치 못하면 아이를 가까이 두고 자주 안아주도록 노력해야 한다.

셋째, 아이에게 있어서 가장 큰 공포는 외로움이다. 엄마와 떨어져 생면부지의 직업적 관리자베이비시터에게 맡겨진 아이는 항상 불안과 두려움에 떤다. 고로 세 살 이후에 탁아를 했다 하더라도 엄마의 가장 큰 관심은 아이에게 가 있어야 한다. 이러한 마인드는 아이가 초등학교 졸업 시까지는 지속해야 할 숭고한 아이 돌봄의 철학이 되어야 한다.

넷째, 자아실현에 대한 확고한 개념을 알고 일에 종사해야 한다. 원만한 가정생활과 제대로 된 교육 과정을 통하여 아이는 자아 발견에 눈을 뜬다. 남자는 상급 학교와 군대에서 자아 성숙의 과정을 거친 뒤 직장생활하면서부터 자아실현이라는 단계에 접어든다.

전업 주부는 아이를 낳으면서부터 진정한 의미에서 자아실현이 곧바로 시작된다고 봐도 좋다. 일부 여성들은 가정을 벗어나야 자아실현을 달성할 수 있는 것으로 생각하고 있지만 그것은 오해이다. 멋스럽게 차려입고 노래교실이나 체육교실 혹은 각종 사회교육 시설에 매일 출근하듯이 하여 거기서 배워야 자아실현할 수 있는 것은 아니다.

자아실현이란 삶의 목적을 구현하는 행동을 말한다. 내가 사는 목적, 앞으로 살면서 얻고자 하는 보람을 찾아내기 위해 사고하고 행동하는 일을 자아실현 과정이라 할 수 있다.

그 속에는 이웃을 위한 봉사, 학문과 문화예술에의 심취, 자기계발을 위한 각종 기술과 기능의 신장, 종교와 신앙 및 심신 수련을 통한 마음의 정화 등등 수많은 방법이 있을 수 있다. 그러나 이 모든 것들이 가정의 안정과 발전, 자녀들의 건전하고 올바른 성장이 전제되지 않으면 아무 소용이 없다. 그래서 가화만사성家和萬事成이라, 가정이 화목해야 모든 일이 잘된다고 옛 어른들은 말했단다.

내가 낳아 키우는 아이가 하찮은 잡목이 될 것을 바라는 부모는 없다. 국가와 사회와 인류에 큰 도움을 주는 거대한 재목이 될 것을 바라는 것이 모든 부모의 소망이다.

그런데 이것은 비싼 과외, 호의호식을 시키며 고급 승용차에 태워 다녀야 달성할 수 있는 것이 아니다. 그보다는 부모가 올바른 양육 철학을 가지고 정성으로 아이를 대할 때 얻어지는 자연스런 결과라는 사실을 강조해 두고 싶구나.

우는 아이, 어떻게 달랠까

사랑하는 딸아!

어제 시외버스에서 만난 갓난아이 이야기를 하마.

젊은 부부가 내 자리 옆에 갓난아이를 안고 있었다. 서울에서 진주까지 네 시간 가까운 장거리 여행이라 아이가 칭얼댈 건 분명하여서 언제쯤 아이가 잠에서 깰까, 내 일처럼 걱정이 되더구나.

아니나 다를까, 아이는 천안을 조금 지나자 잠에서 깨어 칭얼댔고, 어린 엄마그렇다 정말 내 눈에는 20대가 되었을까 말까 한 어린애 같은 엄마였다가 아이의 기저귀를 갈아주고, 젖을 물리고 하여 조금은 진정되는 듯하였다. 하지만 갓난아이는 버스의 빠른 속도와 답답한 공기와 지나친 요동, 그리고 고도에 민감하여 짜증을 내기 마련이다. 그것은 아직 태내에서 맛본 안락함에서 벗어나지 못한 탓도 있지만 거친 세파에 시달리지 않은 탓일 것이다.

날은 점점 어두워지고 그에 따라 아이의 칭얼대는 속도는 비례하여 갔다. 엄마는 어쩔 줄 몰라 허둥대고, 아빠가 아이를 안고 어르기 시작했다. 아이는 아빠의 오른쪽 어깨 뒤로 얼굴을 내밀고 나를 바라보며 울었다.

나는 아이를 웃겨줘야겠다고 생각하고 혀와 눈과 입 모양으로 우스꽝스런 제스처를 보여주었다. 내가 생각해도 한 마디로 '뻘쭘한' 짓이었다. 그런 행동을 하면서도 난 반신반의했다. 설마 아이가 나이든 남자의 표정을 제대로 읽을 수 있을지. 혹시 내 얼굴이 무서워 더 맹렬하게 울지나 않을지, 한편으로 걱정되기 시작했다.

그런데 참으로 묘한 상황이 벌어졌다. 아이가 배시시 웃는 것이 아닌가. 약간의 긴장감을 안고 눈가에 이슬처럼 눈물을 대롱대롱 매달고 나를 쳐다보던 그 아이가 나의 행동이 신기했던지 아니면 한심했던지(?) 미소를 보내고 있는 것이 아닌가. 나는 속으로 쾌재를 불렀다. 드디어 나의 정성이 통한 것이라고. 하기야 손녀 둘을 키우는 과정에서 터득한 나의 '우는 아이 달래기' 제스처는 이미 그 효과를 인정받은 바 있던 터여서 조금은 자신감을 갖고 그 아이에게 '대들었던' 것이지만. 아무튼 나의 엉뚱한 제스처에 아이가 울음을 멈추자 부모는 안도의 숨을 내쉬는 것이었다. 그러다가 아이가 옹알이 비슷한 소리를 내며 어딘가를 향해 목을 빼고 조금씩 웃기 시작하자 젊은 부부가 나를 쳐다 보았다. 난 시치미 뚝 따고 모른 체 근엄한 표정으로 돌아왔다. 그러다 가 아이와 시선을 마주치면 또 아이를 웃기고…. 결국 아이의 부모는 내가 아이를 웃긴 주인공이라는 것을 눈치 챘지만 30여 분간 아이는 아주 기분이 좋은 상태로 즐겁게 여행을 했다.

그래, 어린 젖먹이도 어른의 표정을 읽을 줄 안다는 것을 왜 몰랐을 까. 얼마 전에는 엄마가 아이에게 젖을 물리면서 보이는 표정에 따라 아이의 감정이 다르게 나타나는 실험을 TV에서 본 적이 있다. 젖을 물리면서 엄마가 '까꿍' 소릴 내며 정답게 바라보면 아이가 즐겁게 젖 을 먹는 반면, 엄마가 무서운 눈으로 찡그리고 혼내며 젖을 먹이니까 아이가 공포에 젖은 표정으로 젖을 먹고 있었던 것이다.

아이를 가르치는 엄마의 언행은 그 무엇도 선생 아닌 것이 없더라.

미래의 엄마인 딸아!

아이를 달랠 땐 내가 아이가 되어야 한다. 버스 안의 손님들이 아이 의 울음소리에 짜증을 낼 것이 두려워 아이를 혼내거나 아이를 향해 인상을 쓰면 아이는 더 울기 마련이란다. 아이가 요구하는 것이 무엇 인지, 그것을 재빨리 알아채고 아이의 눈높이로 자신을 낮추어 달랠 방도를 찾는 것이 엄마의 몫이다.

아이가 조금 칭얼댄다고 짜증을 내거나 도중에 버스를 세우라고 소리 지를 어른들은 거의 없다고 해도 과언이 아니다. 오히려 아이가 더 아파하거나 더 불편해하지는 않을지 걱정을 하는 것이 어른들이란다. 혹시 너무 심하게 울어서 아이 때문에 많은 사람들이 불편해하면 아이를 안고 뒤에 빈자리가 있으면 그곳으로 이동하여 아이와 장난질을 하며 갈 수도 있다. 그래도 심하게 울면 손님들에게 정중하게 양해를 구하는 수밖에 없는 일이다. 내 경험에 의하면 그렇게 오래 우는 아이는 없다. 칭얼대봐야 한 시간을 못 넘긴다. 다만 항공기를 탑승했을 경우에는 고도가 높아 아이가 심한 스트레스를 받고 계속 울어대는 경우가 있다. 그런 때를 대비하여 우유병을 준비해 두었다가 아이에게 물려 재우는 방법이 있지. 아니면 스튜어스에게 도움을 청하면 도움을 주기도 한다.

어린애를 데리고 장거리 여행을 할 경우에는 평소에 아이가 좋아하는 장난감이나 유아용 과자 등을 준비하는 것도 좋다.

'기본이 바로 된 어린이'로 키우기

어제는 전철역에서 집으로 오는 길에 방향을 바꿔 평소 잘 다니지 않던 길로 걸어왔단다. 교회 앞을 지나 학교가 가까워지자 학기 초라 그런지 초등학교 앞은 시끌벅적했다.

나는 교문 앞에서 웃음을 문 채 운동장을 들여다보며 잠시 옛날을 생각했다.

그때 아이 두 명이 장난질하며 내 곁을 스치듯 지나다가 내 몸에 부딪치는 바람에 하마터면 노트북 가방을 땅에 떨어뜨릴 뻔했다.

나는 아차! 하며 가방을 추스르다가 교문에 붙어 있는 문구에 눈이 닿았단다.

거기에는 "기본이 바로 된 어린이"라는 푯말이 붙어 있었다.

그렇다. 초등학교에 알맞은 참으로 적절한 모토요, 명언이요, 경구警句가 아닐 수 없다.

기본이 바로 된 어린이를 만드는 것이야말로 초등학교 의무교육의 목표가 되어야 할 것이 아닌가. 영어, 수학 등의 실력도, 각종 특기의 재능도 모두가 인간으로서의 기본을 키우는 바탕 위에서 이루어져야 하는 법이지. 공부에만 몰두하여 머리만 커지고 약삭빠른 아이로 키워서는 장차 어디에 쓸 것인가. 그런 아이들이 자라서 창의력을 키워 행복한 사회를 만들어내고 인생을 보람 있게 살 수가 있을까. 이웃을 사랑하고 인류에게 복을 줄 일들을 할 수 있을까.

딸아!

너도 결혼하면 아이를 낳겠지. 나에게는 외손자가 되겠지만 참으로 소중한 후손이 아니겠니. 아이는 무엇보다도 기본을 갖추도록 해주는 데 힘을 쏟아야 한다.

태어나서 초등학교 시절, 그러니까 12살까지는 어느 교과목보다도 인간으로서의 기본 품성을 갖추어주는데 심혈을 기울여야 한단다. 물론 태교胎敎는 아이에게는 선험 교육으로 매우 소중한 것이니까 소홀히 해서는 안 된다. 어린아이에게 필요한 인간의 기본은 무엇일까. 그것은 인간다운 성품을 갖게 하는 일이다. 인간으로 태어났는데 왜 인성교육이 필요할까. 그것은 이 세상이 지독한 경쟁에 빠지다 보니까 인간의 품성을 갖춘 사람을 만드는 일을 소홀히 하기 때문이다.

사람이 인성을 상실하면 소금이 짠맛을 잃은 것이나 다름없다. 인성을 상실한 인간은 인간으로서의 기본이 결격된 존재로서 어딜 가도 환영받기 어렵다.

인성은 어렸을 때 가꾸는 것이다. 나무도 묘목 때 잘 길러야 튼튼하고 굽어지지 않듯이 사람도 마찬가지란다. 이 세상 모든 것들을 사랑하되 특히 사람을 사랑할 줄 아는 '사랑의 인성'은 엄마가 줄 수 있는 최고의 가르침이다. 그 바탕 위에서 배려와 아량과 양보가 나온다. 또 인내력과 모험심도 나온다. 모든 존재를 사랑할 줄 아는 마음, 그것 하나만 잘 키워준다면 아이는 평생을 사랑으로 살아갈 것이다. 만약 그렇지 못하고 경쟁 의욕만 부추긴다면 아이의 가슴에는 시기와 질투의 인성이 자리 잡아 잘못된 삶을 살 수밖에 없단다.

'기본이 바로 된 어린이'란 곧 사랑할 줄 아는 인성을 갖춘 아이라는 말이 아니겠니?

흐트러진 행동을 하는 아이를 보는 부모 마음

사랑하는 딸아!

아래 글은 내 블로그에 올린 것인데, 며칠 만에 35만 회의 조회수와 255개의 댓글이 붙은 것이다. 아버지는 너도 알다시피 학생들의 행동에 특히 민감하단다. 중·고교생들이 곧 대학생이 되고 그 학생들이 10년 안에 우리나라를 이끌어나갈 주인공이 되기 때문이란다.

이 글에는 현실을 개탄하는 아버지의 생각이 짙게 깔려있어서 여자인 네가 읽기에는 조금 부담이 될지도 모르지만, 이 나라 기성세대의 가치관의 단면을 파악한다는 취지, 그리고 너도 곧 이런 여고생들을 키우게 된다는 예비 엄마로서 한번 읽어보기 바란다.

2008년 3월 28일 오후 5시, 서울 합정 전철역에서 H고 남녀 학생 두 명이 탔다. 내 앞에서 그 학생들은 이러저러한 이야기를 나누며 킬킬댔다. 처음엔 무슨 이야기인지 참 재미있게 나누고 있구나 하고 생각했는데, 그들의 목소리가 조금씩 커지면서 나는 당혹감을 감출 수 없었다. 나뿐 아니라 주위의 어른들 서너 명이 그 학생들의 행동에 대해 심한 거부감을 갖고 노려보고 있었다.

하지만 그 학생들은 남의 눈은 전혀 개의치 않고 저희들끼리 심한 말을 주고받으며 까불어댔다. 나는 여학생의 말과 행동에 어안이 벙벙

했다. '과연 저 아이가 여학생 맞나?' 라고 생각하며 두 사람을 지켜보았다. 고1쯤 되어 보이는 그 여학생은 자기보다 키가 큰 남학생의 교복 안쪽 가슴으로 손을 넣고 쓰다듬으면서 온갖 잡스런 말들을 쏟아내고 있었는데, 제 친구들 욕하고 흉보는 말들이었다. 또 담임과 다른 선생님, 그리고 누군지 모를 사람에게 해대는 추잡한 욕설이 여과 없이 내 귀를 사정없이 때렸다.

그녀의 입에서 나오는 말들을 여기에 다 올릴 수가 없다. '씨' 자와 '끼' 자 '놈' 자 '존' 자가 가장 많이 들어갔으니까. 참으로 듣기 거북한 욕설들이 병든 이모티콘처럼 그 여학생의 입에서 튀어나와 차 내를 어지럽히고 있었다. 그런가 하면 손으로 남학생의 아래 중요 부분을 툭 치기도 하고, 두 손으로 귀싸대기를 요리조리 때리기도 하면서(물론 세게 때린 것은 아니지만) 그녀는 맘껏 즐기고 있었다. 남학생이 뭐라 말하니까 슬쩍 제 교복 치마를 올려 보이기도 하였다.

난 정말 보기에 민망하여 그 여학생을 조금 싫은 표정으로 올려다보았지만 그녀는 무신경했다. 아주 자랑스럽게 주위의 시선을 무시하고 있었다. 등에 멘 작은 책가방은 정말 가벼워보였고, 그 조차도 짐스러워 자꾸만 어깨를 타고 흘러내려 엉덩이에 겨우 붙어 있었다.

아, 왜 저럴까. 무엇이 어린 여학생을 저렇게 만들었을까. 곰곰 생각해보니 몇 가지가 생각되었다.

첫째, 아이가 외로운 나머지 자기의 존재를 알리고 싶어 하는 것은 아닐까. 아니면 기성세대에 대한 반항일 수도 있겠지.

둘째, 학교에서 외면당한 분풀이나 부모에게서 욕먹은 분풀이를 이런 식으로 하는 것은 아닐까.

셋째, 누군가로부터 관심과 사랑이 필요해서 저런 이상한 스킨십을 하는 것은 아닐까.

넷째, 아니면 아주 좋지 않은 체험(?)을 해본 것은 아닐까.

이러저러한 생각을 해보았지만, 도저히 10대 여학생의 말과 행동은 아니었다. 정말 보기 역겨운 동영상 한 편을 보는 듯하였으니까.

증산역에서 두 학생은 서로가 밀치다가, 마치 술 취한 여성을 남자가 끌어안듯이 하고 내렸다. 거기까지 오는 12분 동안이 참 길게 느껴졌다. 저렇게 자식을 방목하는 부모들은 속이 편할까? 아니 자기 자식이 밖에 나가 저런 행동을 하고 다니는 줄 알기나 할까?

조금은 슬퍼져 오늘따라 응암역 전철 계단 오르기가 더 힘들었다.

입시 지옥은 비극의 늪, 방치하면 모두가 망한다

슬기로운 딸아!

이 세상의 부모는 남의 자식에 대해서 함부로 말해서는 안 된다고 한다. 아마 그 말 속에는 자식이란 부모 뜻대로 성장하는 것은 아니라는 것, 우리 사회의 어두운 그림자들이 자식들의 올바른 성장을 가로막고 있다는 뜻이 숨어 있을 것이다.

더구나 이제는 가정교육이 점차 엷어지고 학교교육은 아이들을 치열한 시험 동물로 만들어놓고 있는 판국에 아이들이 제대로 자라기를 바라는 것은 무리가 아닐까 싶기도 하구나. 어느 대학에 몇 명을 합격시켰느냐에 따라 학교 등급이 나뉘니 선생님들은 죽을 둥 살 둥 입시교육에 매달릴 수밖에. 학부모들도 마찬가지야. 제 자식이 일류대만 들어가면 부모로서 역할은 다한 것처럼 여기고 있으니, 세칭 일류대학에 못 들어간 아이들이 95%가 넘는 현실, 개중에는 입시 실패 때문에 스스로 목숨을 끊는 현실을 어찌 해결하란 말인지 모르겠다.

세상이 5%를 위해 존재하는지, 그나마 그 5%에 들어간 아이들도 정상적인 인격체로 자라난다는 보장도 없는 사회 현실이 안타깝기만 하구나. 하여 학부모들은 보따리 싸 짊어지고 아이를 이끌고 해외 도피를 하는 나라가 되었다. 어째서 OECD 가입 국가인 우리가 교육 엑소더스를 만들어내는지, 그 이유가 어디 있는지 다 알면서도 정치는 무력하다. 아니 정치를 한다는 사람들조차 제 자식을 해외로 도피시키고 있으니 이러고도 이 나라가 지속적인 발전이 가능할까 걱정이다.

우리 교육제도가 아이들의 적성이나 소질을 키워주는 미래를 향한 프로그램이 아니라 상위 5%를 위한 것이라는 사실에 너도나도 반기를 들고 비난과 도피를 일삼고 있으니, 이 같은 현상을 놔두고 무슨 희망과 비전을 얘기할 수 있을 것인지 하도 답답하여 해본 말이지만, '사람이 모든 것을 결정한다' 라는 소박한 논리가 이제는 '유학이, 그것도 조기 유학이 모든 것을 결정' 하는 이상한 나라가 되고 말았구나.

돈 없는 사람은 그래서 더 억장이 무너지고 말이다.

딸아, 너는 알게다.

왜 이런 교육적 비극이 우리 주위에서 일어나고 있는지.

공부란 도대체 무엇인지, 학과 성적이 과연 사람의 일생을 좌우할 만큼 중요한 것인지.

만약 그것이 사실이라면 정말 교육정책은 학과 시험에 올인해야 해야겠지. 세계에서 최고 수준의 학과 시험 우수국이 되어야겠지. 그러나 세상은 다양성과 창의성, 상상력과 감성이 좌우하는 방향으로 나아가고 있으니 국·영·수·사회·과학 등의 인지적 능력만 키운다고 모든 것이 해결될 수 없다는 것은 어린아이도 다 아는 사실 아니겠니.

모든 개인이 소질을 찾아 키울 수 있는 실용주의 사회 시스템이 제대로 가동되어야 모두가 살 수 있는 경쟁력을 만들어 낼 수 있다고 본다. 그러니 제발 입시 지옥에서 학생들을 해방해줘야 한다. 아이들을 지옥에 빠뜨려놓고 부모와 어른들과 정치인들은 행복할까? 지옥에 빠진 아이들이 무슨 능력으로 찬란한 미래를 꿈 꿀 수 있을까?

이제는 아이들을 비난하기 전에 용기를 주는 일을 시작해야겠다. 그냥 세월만 보내다가 죽는다면 무슨 어른이겠니. 새벽에 이 나라 젊은

이들을 위한 반성문을 써본다

아이를 강하게 키우려면 부모 간섭을 최소화하라

사랑하는 딸아!

아버지는 너와 오빠를 강하게 키우려고 노력을 했단다. 너희가 서운하게 생각할 때도 있었겠지만 그것조차 아버지의 육아 철학이 들어간 것이라고 이해해 주었으면 한다. 이제는 네가 자식을 낳아 키울 때가 되었으니 '강하게 키운다.' 라는 데 대해 몇 가지 이야기 하마.

우리 청소년들이 체격에 비해 체력이 약하다는 지적은 이미 오래 전부터 제기되어온 문제이다. 예전의 어른들 세대에 비하여 잘 먹고 편한 여건에서 지내기 때문에 키가 크고 몸집도 커졌지만 근력과 지구력은 약하다는 것이 어른들의 중평이다. 그것은 패스트푸드 같은 가공식품을 먹는 데 익숙하여 인체의 자연 치유력과 자연 회복력을 상실한 때문이라는 지적도 만만찮다.

물론 현대 사회가 지닌 온갖 스트레스와 질병을 청소년이라고 해서 비켜갈 리가 없는 일이고, 또 과중한 입시 위주의 학습에 지친 청소년들의 몸이 건강할 수가 없다는 말에도 수긍이 간다.

지난 2007년 4월에 서울 남부교육청에서 강남구 관내 6개 고교생들의 '학원 과외 실태'를 조사해본 결과 44%가 3개 이상의 학원 과외를 받고 있고, 15%만이 학교교육에 충실하면서 혼자 공부하는 것으로 나타났다. 이로 미루어 85%의 학생이 여전히 과외 수업을 받고 있는 중이니 청소년의 85%는 학습으로 인한 과도한 스트레스에 시달리고 있다고 봐도 과언이 아닐 것이다. 공부란 어느 정도의 스트레스가 자극이 되어 학습 능률이 오르는 것도 무시할 수는 없지만 그 스트레스가 질병이 되고, 급기야 목숨까지 버리고 마는 상태에 이른다면 그것은 심각한 사회문제가 아닐 수 없다.

요즘은 아이가 귀하다 보니 왕이나 황제처럼 대우를 받고 자란다. 물론 극빈 가정이나 불우 가정 또는 가정이 없는 아이들의 경우를 제외한 말이지만. 한 집에 한두 명의 자녀만 낳는 핵가족 상황에서 아이들은 당연히 어른들보다 더 소중한 존재로 대우를 받고 있는데, 그런 대접을 받던 자세가 나이가 들어서도 여전하다는 데 문제가 있다.

또한 어렸을 때부터 수많은 학원 교습과 학습지에 시달리면서 전투적인 입시 공부를 했다면 적어도 그런 아이들의 눈빛은 그야말로 살벌할 정도로 빛이 나야 할 텐데, 웬일인지 아이들의 눈을 보면 아주 지친 모습들이다. 젊은이들의 눈동자나 행색이 마치 패잔병 모습같이 느껴지는 것은 나만의 생각일까?

이것은 우리 아이들이 진정한 '강함'인 자율과 모험과 개척에 익숙해지지 않은 탓이다. 부모의 '오냐주의'하에서 걱정 없이 자란 탓이다. 그런 아이들이 이 거친 세파를 어찌 견뎌낼까. 앞으로 더 큰 경쟁의 틈바구니에서 어떻게 살아갈 것인가, 고생하고 자란 기성세대들에게는 또 하나의 걱정이 아닐 수 없다.

통계청 발표에 따르면2007년 초, 우리나라 청소년들은 결혼 후 생활비를 부모가 일부는 책임져야 한다26%고 주장하고 있다. 세상에 결혼 후의 생활까지 부모에게 의탁하려는 의존심은 누가 길러줬는가. 바로 부모 세대의 자업자득이다. 그런가 하면, 결혼비용은 부모가 부담해야 한다85%, 전세금은 부모가 내야 한다73%고 주장하고 있다 하니, 도대체 자립·자조·자활교육과 인성교육을 어떻게 해왔는지 의심스러울 따름이다. 그러면서도 자식들의 부모 봉양은 외면하는 상황이니 우리나라 부모만큼 힘든 어른들이 세상 천지에 또 있을까 싶지 않다. 그래서 신세대 자녀들이 부모에게 지우는 의존도를 더 방치하다가는 그보다 더한 악순환이 지속될 것이라는 우려가 나오는 것이다.

미국에서는 자녀가 20세 넘어서 부모와 함께 기거하면 제가 아르바이트라도 해서 방값과 밥값을 치르는 것이 상식으로 돼 있는데, 우리는 결혼 후까지 책임지라는 엉뚱한 주문에 부모들 등이 휘어지고 있다.

아이들을 나약하게 기르는 것은 그 아이의 장래를 어둡게 하고, 부모들이 너무 큰 부담을 가져 삶이 비참해진다. 그보다 더 중요한 것은 이 나라의 미래가 어두울 수밖에 없다는 점이다.

앞으로 아이를 기르는 미래의 부모들은 이 점을 잘 고려해야 할 것이다.

창의성은 '자연' 속에서 행동할 때 길러진다
-일본의 산촌 유학山村留學 보내기-

사랑하는 딸아!

어느 날 퇴근 길 버스에서 들은 이야기이다. 라디오방송 프로에서 나는 무릎을 탁 칠만한 소식을 들었단다.

일본의 대도시에서 공부하는 어린아이들이 도시를 버리고 산골로 유학을 떠나고 있다는 기상천외寄想天外한, 정말 신선한 말을 들은 것이다.

산촌 유학이라, 참으로 신선하고 놀라운 충격이었단다. 우리 아이들은 시골자연을 버리고 모두들 대도시인공로 몰려들고 있고, 심지어 아이 교육을 위해 이산가족이 되는 일이 비일비재한데, 일본 학부모들이 시골로 아이들을 보낸다니 믿어지지가 않았다. 어떻게 그런 발상을 하고 직접 참여할 수 있었을까. 그날 라디오 프로에서 들은 일본의 산촌 유학이라는 용어 자체가 얼마나 신선하고 매력적이었던지 모른다.

물론 우리 어린이들도 수학여행이나 시골 체험 등을 위해 며칠씩 집을 떠나 시골을 찾는 일은 있다. 하지만 일본 소학교 아이들처럼 1~2년 동안 부모 곁을 떠나 산골에서 공부한다는 것은 상상조차 못할 일이다. 더욱 놀라운 것은 아이들 숙소와 학교 간의 거리가 3~4킬로미터에 달하고, 모든 일을 아이들이 스스로 한다는 것이었다. 숙소에서 일어나 이불 개고, 청소하고, 밥 먹고, 공부 준비하는 모든 일을 어린 아이들이 자발적으로 스스로 한다는 것이었다. 우리네 아이들을 보라. 초등학생은 물론 심지어 고등학생까지 부모가 챙겨줘야 하는 아이들이 좀 많은가. 산촌 유학을 하는 아이들은 삼삼오오 모여 한 시간 이상 학교로 걸어가면서 수많은 자연과 만나 호흡하게 된다. 그리고 더 놀라운 것은 학교에서는 그날의 커리큘럼이 정해져 있는 것이 아니라 자연의 흐름과 변화에 맞춰 그때그때 선생님과 아이들이 그날 할 공부를 정하여 임한다는 점이었다.

햇빛이 고운 봄날 같으면 개울에 나가 다슬기를 잡는다든지, 눈이 내린 날에는 눈사람을 만들거나 산으로 토끼몰이를 하러 간다든지 하는 것 등이다. 무엇을 하며 배울까 하는 교육 과정 자체를 학생과 선생이 그날그날 결정한다는 것 자체가 참 의외였다.

선진국 일본이 왜 이런 자연 친화 교육 과정을 만들어 운영할까.

그것은 일본의 미래를 짊어지고 나갈 아이들이 현대 문명의 산물인 각종 전자장비에서 헤어날 줄 모르고 있고, 기계적인 사고와 놀이문화에 중독되어 있어 나약하고 진취적이지 못하다는 점을 반성하고 있기 때문이라고 본다. '모방의 천재'라고 비아냥거림을 듣는 일본이 미래를 개척하기 위해서는 창의성을 발양할 줄 아는 인간의 육성이 시급하다는 문제의식에서 비롯된 것이 아닐까 싶다.

도대체 인간의 창의성은 어디에서 나올까? 컴퓨터 모니터 앞에서나 도시의 삭막한 콘크리트 바닥에서는 창의력을 키우기는 어렵다. 자연으로 돌아가 자연과 더불어 숨을 쉬고 생각해보고, 내 몸이 스스로 자연의 일부가 되면서 자연스럽게 창의력과 인내력, 협동심이 생기는 것이라고 생각한다.

우리 아이들도 자연 속에서 창의성을 스스로 터득하고 흡수하게 하는 방법을 보다 정교하게 만들어나가야 할 때가 되었다고 본다. 미래의 사회에서 행복과 불행의 결정은 인성과 창의성이라는 말을 곰곰 되씹어 봐야 할 일이다.

부모가 늦게 철들면 모든 식구가 함께 고생한다

딸아!

시집간 친구들한테서 아이 키우기가 힘들다는 말을 들었을게다.

그렇지만 우리 부모들만큼 자식에게 무조건적인 사랑을 베푸는 사람들이 세상 어느 나라에 있을까.

물론 자식을 낳은 부모는 당연히 '사람'을 만들어놓고 죽어야 할 운명을 지녔기에 부모로서 자식을 건사하기에 전력을 다하는 것이지. 또 거기에는 자기가 못다 이룬 꿈을 자식에게 은근슬쩍 바라는 부모의 희망적 계산도 한몫을 한다고 본다.

그런데 요즘은 부모의 자식 사랑이 크게 변질된 경우도 있지만, 자식들도 예전처럼 부모의 노고를 잘 알고 보답하려고 노력하지 않는 경우가 왕왕 일어나고 있다.

자녀들 중에는 부모를 이렇게 비난하는 녀석들도 있다고 하더라.

'낳았으면 제대로 키워야 하는 거 아냐? 누가 낳으라고 했어? 제대로 키우지 못할 바에 뭣 때문에 낳았어?'

부모로서는 가슴 아픈 말인데도 아무 거리낌 없이 부모에게 대드는 아이들을 보면 속이 아프다. 그토록 애지중지하고 키우며 자식들이 부모 속을 더 썩일 때 부모의 가슴에는 피멍이 들지 않겠니?

이제까지 부모의 모범적인 언행을 강조하곤 했는데, 이제는 생각을 조금 바꾸어야 할 것 같다. 나이 스물이 넘은, 사지가 멀쩡한 자식들이 고생하는 부모들의 호주머니를 뒤지며 살면서도 전혀 미안해하는 기색도 없다는 것은 좀 문제가 아니겠니? 물론 공부를 한다거나 아니면 특수한 기능을 연마하기 위해 장기간 부모의 혜택을 받는 것이야 이해할 수 있는 일이지만. 아무 일도 하지 않고 빈둥빈둥 놀면서 나이 든 자식들이 하이에나처럼 늙은 부모 뼛골을 빼먹고 산다면 서로가 힘이 들 것이다.

물론 거기에는 물러터진 부모의 자식 사랑 방법도 한몫 거들었을 것이다. 부모가 가슴 치며 한탄하는 대상은 이제 남이 아니라 제 자식으로 바뀌고 있다. 선진국 청소년들은 부모가 아무리 부자라 해도 제 용돈은 제가 벌어서 쓴다. 그런데 우리나라 자식들은 어려서부터 부모에게서 용돈 타는 것을 당연한 것으로 여기고, 월급이나 주급마냥 때가 되면 손을 벌린다. 대학생들조차 제가 사용하는 핸드폰 통화료를 부모에게서 타낸다.

나는 열두 살부터 돈을 벌었단다. 큰돈은 아니지만 내 학비와 학용품비를 벌어 썼다. 그래야 학교를 다닐 수 있었으니까. 군에 입대하기 전까지 아르바이트 하며 돈을 벌어 학비 내고 부모를 도와드렸다. 그래서 부모의 도리와 자식에 대한 부모 사랑의 의미를 일찍이 터득했다. 우리 사회에서 경제가 어려워지면서 가정이 붕괴되는 소리가 하루가 다르게 크게 울리고 있는데도 부모를 제외하곤 다른 식구들이 이를 진지하게 생각하지 않는 것 같다. 오로지 못사는 것을 부모 탓으로만 돌리는 것은 아닌지.

이 나라 50대 이상은 지금 지칠대로 지쳤다. 모아놓은 돈은 없는데 물가는 뛰고, 자식들은 더 많은 것을 나누어주길 원한다. 곧 육신은 시들어 힘이 없고, 병이 들고, 돈 벌기는 불가능해지는데, 자식들은 부모의 이런 까맣게 타들어가는 속을 모른다. 아니 알려고조차 하지 않는 것 같다.

그래서 내가 내린 결론은 '문제는 자식'이라는 것이다. 물론 자식들은 모든 문제를 부모에게 돌리고 싶어할지도 모른다. 하지만 이 땅의 부모들은 할 만큼 했다. 그러니 최소한 부모와 자식이 미래의 삶에 대해 공동의 책임을 지자는 말이다. 많은 가정에서 자식이 제 본분을 망각하고 낭비하고 사치하고 미래 준비를 하지 않고, 부모 속만 썩이고 있으니 하는 말이다. 어떤 자식은 담배 한 갑의 가격이 계란 10개 또는 라면 4개와 맞먹는 줄을 모른다. 노인네들이 새벽부터 온종일 폐지를 주워 리어카로 가득 담아 고물상에 날라 팔아봐야 3,000원이다. 그렇게 번 돈으로 노부부가 살아가는 세상이다.

우리 사회와 가정의 건강한 회복을 위해 가장 크게 울어야 할 사람은 스무 살 이상의 자식들이라는 점을 통감하는 요즈음이다.

실직失職의 파도가 발길을 가로막아 가족에게는 알리지 않았지만 직장을 잃은 가장도 많다. 그러니 이제 자식들은 답해야 한다. 제 부모가 말하지 않더라도, 머지않아 빠르면 10년 늦어도 30년 내 이 세상을 하직할 부모들에게 이런 피해를 강요해도 된다는 말인가? 또 제가 낳아 기를 자식들을 자기처럼 부모 의존적인 방식으로 키울 것인가?

너에게는 해당 없는 말을 많이 늘어놓았구나. 하도 세상살이가 답답하고 젊은이들이 부모를 괴롭히는 현상을 많이 보았기에 하는 말이다. 지금 젊은이들이 정신을 차리지 않으면 머지않아 더 큰 고난에 빠질 수밖에 없다고 생각되어 푸념처럼 늘어놓았구나.

맹자와 헨리 키신저 어머니의 자녀 교육에서 배울 것들

사랑하는 딸아!

오늘은 맹자와 헨리 키신저 어머니의 아이 사랑 법을 말해 보마.

맹자 어머니의 자식 사랑과 자식 교육에 대한 열의는 익히 알려져 있지. 어쩌면 우리나라 어머니의 치맛바람의 원조 격이라고 평가할 수 있는 맹자 어머니의 잦은 이사는 아이를 좋은 대학에 보내려고 한 것이 아니란다. 가난한 상여꾼 동네에서 삶의 아우성이 해일처럼 넘실대는 시장통으로 이사를 갔다가 다시 학교 옆으로 이사를 간 것은 아이의 인성 형성에 좋은 환경을 만들어주려는 배려였다. 물론 이사를 간 동네의 수준으로 보면 아무래도 경제적인 뒷받침이 조금은 뒤따랐지 않나 하는 생각도 든다. 학교^{서당} 옆이면 제법 교양 있게 사는 사람들이 모인 곳일 테니까 말이다.

아무튼 맹자 어머니의 인성교육은 환경 보완적인 것으로 평가된다. 유전적이고 생래적인 환경이 나쁠 경우 후천적인 생활환경의 개선, 그것도 학교 옆이라는 환경이 아이의 바른 성장에 매우 중요하다는 점을 인식한 그녀의 행동은 자녀 교육의 고전적 전범^{典範}으로 칭송받을 만한 일이다.

맹자 시대에서 2,000년이 지나 헨리 키신저 전 미국국무장관의 어머니 이야기 역시 감동적이다. 그녀는 가난한 유태인 출신의 독일계로 미국 사회에 정착한 이래 힘든 삶을 영위했다. 그녀는 소년 키신저의 성공을 위하여 맹자 어머니보다 좀 더 적극적이고 직접적인 방법을 사용했다.

키신저의 어머니는 아들에게 이렇게 강조했다.

"애야, 너 같은 가난한 유태인 출신이 이 험난한 미국 사회에서 성공하려면 누구보다도 똑똑해야 한다. 그러기 위해서는 뭘 해야 하겠니? 공부해야 한다. 배워야 한다. 남들보다 수십 배 수백 배 노력해야 한다. 남들이 세 끼 먹을 때 너는 네 끼를 먹어라. 세 끼는 입으로 밥을 먹고 한 끼는 눈으로 책을 먹어라. 알겠니?"

어린 키신저는 그로부터 책벌레 공부벌레가 되었다. 책벌레의 효과는 후일 확실히 입증되었다. 가난하고 못생긴 유태인 소년에서 미국의 2인자 국무장관으로 성공하여 1970년대 중반 국제 정치에 커다란 영향력을 행사했고, 미국의 국가 이익에 기여하는 한편 월남전 파리 평화협상을 타결하여 노벨평화상을 수상했다. 바쁜 국무장관 시절에도 그의 집무실 책상 위에는 수많은 다양한 책들이 있었고, 그는 독서와 사색을 통하여 지혜와 용기를 얻었던 것이다. 어머니의 독서에 대한 철학이 키신저를 세계적인 인물로 만든 이 쾌거는 현대 어머니의 자녀 교육에 대한 새로운 상이 아닐까 싶다.

우리는 입으로 음식을 맛있게 먹듯이 독서할 때 진정 눈으로 맛있게 책을 먹는지, TV를 켜는 정도로 책을 사랑하는지, 한 달에 몇 권의 책을 구입하는지 자기를 돌아봐야 한다. 책이 있는 집은 문화와 미래와 비전이 함께 숨쉬는 '성숙의 학교'라는 말을 새삼 곰씹어보아야 한다.

21세기 디지털 시대는 모든 것이 눈부시게 변화한다. 이제 어머니의 자식 사랑 방법도 변해야 한다. 자녀 교육의 가장 확실하고 경제적인 방법을 든다면 어머니가 아이와 함께 공부하고 연구하고 궁리해 나가는 것이다. 평생 학습을 아이와 함께 실현해 나가는 것이 자녀와 부모 모두가 동반 성장할 수 있는 지혜 아니겠니.

부모와 자녀는 함께 성장해야 미래가 있다

이제는 어른이 된 딸아!

아주 초보적인 질문을 하나 하마. 이 세상에서 가장 가까운 인간관계가 뭘까. 그래, 부모 자식 관계란다. 그런 까닭에 이 양자 사이에 간극이 생긴다면 가정은 파괴되고 된다.

가정의 파괴는 곧 인간의 파멸로 치닫고, 불행을 잉태하고 말지.

따라서 이 세상의 모든 부모 자식은 가정 안에서 스스로 법도 내지 금도를 지켜야 한다. 부모 자식 간이라고 해서 무조건 의존하거나, 귀엽고 사랑스럽다고 해서 마냥 놓아버리거나 편애하거나 하면 양자 사이에는 건너지 못할 강이 생기고 만다.

21세기가 됐건, 디지털 사회 내지 지식정보화 사회가 됐건 영원히 변치 않을 가치는 부모 자식 간의 도리이다. 도리道理란 무얼까? 사람이 마땅히 행하여야 할 바른길이다. 즉 바른 이치에 따라 인생이라는 길을 걸어가는 것, 그것이 도리이다.

여기서 몇 가지 생각해 볼까.

우리 부모들은 자녀들을 내 부속품처럼 생각하거나 미성숙아라고 해서 무시하거나 하대하거나 하지는 않았는지. 자녀들은 부모의 은공을 모르고, 부모가 처한 입장을 전혀 개의치 않고 무조건 앙탈을 부리거나 떼쓰거나 하여 괴로움을 안겨 드리지는 않는지, 서로가 진지하게 생각해 봐야 한다.

이제 결혼을 앞둔 너에게 부모 자식 간의 원만한 관계 정립과 가정의 행복을 위해 부모와 자녀가 지켜야 할 10계명을 말해주니 참고하여 주기 바란다.(조선일보 참고)

부모 10계명

1. 자식과 항상 친구처럼 말하지 마라.
2. 자녀에게 무조건 지시하지 마라.
3. 부모 중 한쪽을 욕하지 마라.
4. 어려운 일이 닥쳐도 긍정적으로 말하라.
5. 자식 때문에 희생한다고 공치사하지 마라.
6. 원칙과 일관성을 가지고 말하라.
7. 공평하게 말하라.
8. 자녀의 입을 봉하지 말고 들어줘라.
9. 사랑은 절제하라.
10. 말보다 행동을 앞세워라.

자녀 10계명

1. 남의 부모에게 말할 때만큼 예의를 지켜라.
2. 부모가 화냈을 때는 절대 같이 화내지 마라.
3. 야단을 맞더라도 잘못은 미리 고백해라.
4. 감정과 느낌은 숨기지 말고 말해라.
5. '감사합니다', '사랑합니다'를 자주 말해라.
6. 부모는 나와 다른 사람임을 인정해라.
7. 때로는 논리적으로, 때로는 어리광을 피우며 말해라.
8. 부모가 싫어하는 사람을 두둔하지 마라.
9. 부모의 질문에는 즉각 대답해라.
10. 절대 말대꾸는 하지 마라.

4. 가정 경영 : 행복을 경영하라

큰마음을 가진 엄마가 자녀를 위인偉人으로 만든다

봄 처녀 내 딸아!

오늘은 새봄맞이 산행을 했다. 오랜만에 엄마랑 함께 나들이를 하니 새로운 기분이 들더구나.

전철을 타고 의정부시 호원동의 회룡역에서 내려 회룡사會龍寺를 찾아갔다. 신라 신문왕 때681년 창건한 절이라 고졸古拙할 줄 알았더니 그 후 수차에 걸쳐 중건한 탓인지 오히려 산뜻하더구나.

나는 대웅전에 들러 머리를 조아렸다. 그리고 제일 먼저 나라와 겨레의 발전과 안녕을 빌었다. 젊은이들에게 '나라 사랑 겨레 사랑'은 언제부터인가 금언이나 격언 혹은 속담 비슷한 것이 되고 말았지만 그래선 아니 된다. 나라와 겨레를 사랑하고 염려하는 것은 남녀노소를 막론하고 국민으로서 기본적인 마음가짐이 아니겠니.

아무리 개인주의가 중시되는 시대라 할지라도 나라가 망하거나 쇠하면 개인의 운명도 불행해진다. 우리 현대사를 봐도 1960년대까지 우린 세계의 변방이었잖니. 그러다가 1962년부터 시작한 경제개발계획이 국민 의지에 불을 댕겨서 40년 만에 무역 규모 세계 13위의 국가가 되었다. 그 결과 한국인은 세계 어딜 가도 무시당하지 않는 국민이 되었다는 것, 중국에서 공부하고 있는 너는 실감할 게다.

딸아!

너도 알다시피 아버지는 우리 민족의 옛 영광이 스며 있는 역사 지역 답사를 14년째 하고 있다. 시베리아의 바이칼호에서부터 중국 전 지역과 몽골, 연해주 지역, 그리고 일본 열도에까지 참 많이도 돌아다녔다. 그렇게 역사의 흔적을 살피고 다닌 뒤 내가 얻은 결론은 '국민이 나라를 사랑하고 굳게 대동단결해야 나라도 살고 국민도 산다.' 라는 것이었단다. 너에게 역사 도덕 강의를 하려는 것이 아니다. 나라의 발전은 국민의 의식 수준만큼 되더라는 것을 말해주고 싶은 것이다. 특히 위대한 조상들의 발자취를 더듬다 보면 위대한 어머니를 만난다. 역사를 이끈 위인들의 뒤에는 반드시 위대한 어머니와 아내가 있었다는 말이다.

너는 자랑스러운 대한의 딸이요, 결혼하면 한 집안의 며느리요, 또 아내이자 어머니가 될 것이다. 한 가지 말해 주고 싶은 것은 여자의 수준과 가정의 수준은 같아진다는 점이다. 여자가 큰 생각을 갖고 살면 남편이 성공하고, 자식이 위인이 된다는 애기란다. 반대로 여자의 의식 수준이 낮으면 남편이나 자식의 미래는 밝지 못하다. 그러니 이제부터라도 나라와 겨레를 생각하고 염려하는 대아적인 생각을 갖기 바란다. 생각을 크게 가지면 사람의 운명도 달라진다는 것은 모든 성공자들이 이구동성으로 입증하고 있잖느냐.

부디 자잘한 세속적 욕망에서 벗어나 큰 생각을 가져라. 큰 생각은 사람을 크게 발전시킨다. 네가 큰 생각을 가져야 결혼 후 네 남자가 큰 사람이 되고, 네 아이가 미래를 이끌어나갈 지도자로 자라는 법이다. 그러니 '생각의 저수지'를 크게 만들어라. 여자의 생각만큼 가정과 자식은 되는 법이란다.

가정의 미래 비전은 여자가 만든다

항상 공부하는 딸아!

연전에 어느 TV 광고에 나왔던 "남자는 여자 하기 나름이에요."라는 대사가 생각난다.

탤런트 최진실의 그 멘트가 상당한 호소력을 지니고 소비자에게 파고들었던 기억이 난다. 사실 맞는 말이다. 세상의 남자들이 제일 약한 때가 여자의, 그것도 사랑하는 여자의 호소를 들을 때이다.

생각해 보라, 사랑하는 여자의 호소를 나 몰라라 외면하는 남자들이 얼마나 될까. 결혼하기 전의 남자는 여자 친구의 호감을 사기 위해 물불을 안 가린다. 다른 사람이 보기에는 도저히 어울리지 않을 것 같은데도 거의 맹목적으로 그녀를 뒤쫓는다. 거의 필사적이지. 그리하여 결혼하고, 아이를 낳고, 살아가면서 여자 측이 보기에는 사랑이 식은 것 같은 행동도 가끔씩은 하지만 거기에도 다 나름대로의 이유가 있다. 남자는 끊임없이 변화하고 성장을 갈망하는 존재인 때문이다. 결혼 초의 남편들은 아내의 사랑을 독차지하고 아내가 한눈을 팔 수 없도록 하기 위해 알게 모르게 눈물겨운 노력을 한다.

물론 개중에는 아내에게서 벗어나고 싶어 안달인 축도 간혹 있지만, 대부분의 남편은 아내의 이야기를 잘 듣고 그대로 실천하면 도움이 된다는 것을 알고, 겉으로는 못 이기는 체하면서도 사실은 아내의 충고에 고마워하는 사람이 많다. 하지만 결혼 생활 10여 년이 되면 남자들은 못 이룬 꿈을 이루고 싶다는 강렬한 욕망의 심지에 불을 붙인다.

여자들은 잘 모르겠지만, 사내대장부로서 이 세상에 태어나 뭔가 큰일을 이루고 죽어야 한다는 생각을 갖고 있는데, 그 야망이 발동한다는 얘기이다. 이러한 남자의 욕구를 잘 아는 여자는 남자의 성공을 자기의 새로운 자아실현과 일치시키려고 조력하려 노력하지.

남자란 여자와 달리 결혼한 뒤부터 성장한단다.

결혼을 통해 안정을 찾은 남자는 자아실현을 뛰어넘어 꿈을 실현하려 든다는 얘기지. 이때 여자가 뒷받침(내조)을 잘 해주면 큰일을 이뤄내고, 그렇지 못하면 제 식구 건사하는 일에 평생을 바치고 만다. 제 식구조차 건사하지 못하는 남자가 즐비한 세상이라 여자가 보기에는 식구들 잘 먹이고 잘살게 해주는 것이 남자의 최고 도리로 여길지도 모른다. 하지만 인류사에 훌륭한 업적을 쌓은 남자들을 보면 모두가 여자를 잘 만난 사람들이다.

할머니나 어머니, 그리고 아내를 잘 만나 큰 인물로 성장한 것이다.

결혼한 남자가 성공을 하고 싶어 할 때 가장 큰 도움을 줄 수 있는 사람은 누굴까. 바로 그의 아내이다. 고로 여자는 자기 남자가 남들보다 더 나은 지위와 권위와 실력을 갖추도록 곁에서 격려하고 도움을 줄 수 있는 존재가 되어야 한다. 지금 당장 잘 먹고 잘사는 데에만 삶의 포커스를 맞추면 인생의 의미를 잃고 만다. 모름지기 21세기 현모양처는 자신과 아이들과 남편의 삶의 비전을 통합 조정하여 미래로 나아가는 사람이다. 지금 당장이 아닌 30년 뒤를 생각하는 미래 지향적인 사고를 갖는 사람이 진정한 현모양처이다.

부부가 함께 '5계부 五計簿'를 쓰라

사랑하는 딸아!

결혼은 사랑의 공동체를 만드는 성스런 작업이요 일종의 장기 공정 長期工程이란다. 그래서 부부의 연을 맺은 남녀는 가정공동체를 꾸려나가는 공동 책임을 진다. 경제적인 자립과 교육적인 환경의 조성, 화합의 마당을 만들어나가는 것이 부부의 1차적인 과업이 될 것이다.

그렇다면 어떤 지혜가 필요할까.

인간사 모든 것이 계획 없이는 이루어지지 않듯이 결혼 생활 역시 계획이 필요하단다. 아이 출산부터 내 집 마련은 물론 노후 계획까지 부부는 서로 논의하면서 합의하여 행복을 창조해 나가야 한다.

이와 같은 행복 창조 과정에는 몇 가지 계획이 필요한데, 나는 이것을 부부가 함께 써나가야 할 '5계부'라고 부른다.

첫째는 가계부家計簿. 이것은 경제적인 자립과 발전을 위한 체계적인 기록이다. 아무리 소득이 낮은 사람이라 할지라도 가계부를 쓰는 자세를 가져야 재테크를 실천할 수 있고, 경제적인 자립 속도가 빨라진다.

둘째, 차계부車計簿이다. 자가용이 필수품이 된 현실에서 차를 어떻게 효율적으로 절약하면서 사용하는가 하는 문제는 재테크는 물론 생활의 질을 높이는 데 크게 도움을 받을 수가 있다. 자가용이 없다면 교통비를 효율적으로 관리하는 것으로 보면 된다.

셋째, 시계부時計簿이다. 이것은 시간 사용 계획을 말한다. 직장 생활을 하는 사람이나 전업 주부에게나 똑 같이 주어진 오늘 하루의 시간을 어떻게 활용할 것인가를 설계하고 기록하는 일은 '생명 플랜' 같은 것으로서 아주 중요하다.

넷째, 기념부記念簿이다. 결혼기념일부터 시부모와 장인·장모 생신일, 친척들의 길흉사 등을 챙기는 일, 아이들의 각종 성장에 필요한 날짜, 예를 들면 입학, 졸업, 중간고사와 기말고사 일정, 학원 등록 일자

등을 기록해 두는 것이다. 물론 이런 기록은 가계부의 부록에도 나와 있을 수 있지만 빠뜨린다면 아무 의미가 없다.

다섯째, 건강부健康簿이다. 부부의 건강검진일, 병원 통원 기록, 부모님의 질병 상황, 각종 보험 관련 기록, 아이들의 예방주사 접종일 등을 기록해 두어야 가족 건강을 챙길 수 있고, 자녀 성장에 착오를 예방할 수가 있다. 여기에는 노후 건강 설계까지 곁들여야 한다.

위에 말한 '5계부'는 부부가 함께 작성해 나가는 것이 좋다고 생각한다. 가계부와 기념부는 아내가 쓰고, 차계부와 건강부는 남편이 쓰는 등으로. 그리고 시계부는 부부가 각자 쓴다. 복잡한 세상에 뭘 그리 꼼꼼히 기록해야 하느냐고 되물을지 모르지만, 메모하지 않고 산 세월만큼 비효율적인 삶도 없다는 것을 나중에 깨달을 것이다.

이 다섯 가지 기록은 나중에 부부의 '성공 자서전'이 될 것이다.

쌀 한 톨, 물 한 모금부터 아껴라

사랑하는 딸아!

오늘은 3월 8일 '세계 여성의 날' 100주년이구나.

남성의 날이 없는 것을 보면 여성들이 아직도 온갖 차별과 핍박에서 헤어나지 못하고 있다는 반증이 아니겠니.

남자를 낳고 기르는 숭고한 일을 하는 것이 여자인데, 어째서 여성이 차별을 받아야 하는지, 도무지 모를 일이다. 남자들의 자각과 반성이 있어야 할 일이다. 제발 너희가 사는 세상은 남녀 구분없이 기회의 평등과 능력에 따른 대우가 있기를 바란다.

오늘은 강남 분당이라는 곳에 갔다가 점심에 한식점엘 들렀다. 음식이 정갈하고 푸짐하게 나오더구나. 그런데 문제는 배불리 먹었는데도 나온 음식의 3할 정도가 남았다는 점이다. 재활용할 수 없을 정도로 어지러워진 음식이어서 잔반통에 버릴 것이 분명하였다. 시골 같았으면 돼지라도 먹일 수 있을 텐데.

한식이 글로벌 식단에 들어가기가 어려운 이유 중의 하나가 바로 잔반의 문제, 환경오염의 원인 제공 때문이 아닌가 싶다.

음식을 남긴 채 나오면서 우리가 이렇게 낭비해도 되는 것인지 미안한 생각이 들었다.

지구상에서 일 년에 굶어죽는 인구가 1,800만 명이라는데, 1990년대 후반 3년 동안 북한에서는 300만 명이 굶어죽었다는데, 우리는 음식을 너무 낭비하는 것이 아닌가 싶다.

언제부터 우리가 이렇게 식량 자원을 낭비하였는지, 이러고도 벌 받지 않을는지 걱정이다. 식량 낭비에 대한 하늘의 벌이 뭐겠니. 그것은 굶주림이 다시 찾아오는 것이지.

딸아!

아버지 세대는 배고팠었다. 오죽하면 굶기를 밥 먹듯 했다고 말하겠니. 한 가지만 소개하지. 고1까지 정규 학교를 다닌 아버지는 도시락을 싸가지고 간 기억이 열 손가락으로 꼽을 정도이다. 아침밥을 먹지 못하고 등교하여 칠판이 빙빙 도는 허기증으로 공부하다가 점심땐 운동장 끝에 있는 펌프 물을 퍼서 물배를 채웠단다. 정말 배고팠었다.

하교하여 집에 와도 저녁을 먹지 못하고 잔 날들이 참 많았고….

가난과 굶주림은 내 인생에 가장 훌륭한 스승이었단다. 그래서 그런지 식당에서 음식이 남는 것을 보면 아까워 죽을 지경이다.

우리나라의 식량 자급률은 51%라 한다. 나머지는 외국에서 사와야 살 수 있다는 얘기지. 네가 아이를 낳아 살아가는 세상에서 식량이 부족하여 굶주릴 수도 있다는 생각이 드는 것은 나만의 생각일까? 중국과 인도가 식량 부족으로 난리를 치는 것을 보면, 쌀을 제외하고 대부분의 식량을 수입에 의존하는 우리 식탁도 큰 문제다.

또 하나. 몇 년 전에 몽골에 갔다가 초원의 겔Ger에서 며칠을 잔 일이 있는데, 가장 고통스런 것이 물이었다. 마실 물은 물론이고, 세숫물이 없어서 참 고생을 했다.

앞으로는 물 부족으로 인류가 더 신음할 텐데 걱정이다. 온난화로 물이 불었다는데, 막상 사람이 먹고 마실 물은 적어지는구나.

앞으로 쌀 한 톨 밥 한술을 먹을 땐 너의 살처럼 아끼고, 물 한 모금

을 마실 땐 너의 피처럼 생각해다오. 음식과 물을 아끼는 정신과 태도
야말로 다음 세대의 주인공인 너의 가장 중요한 덕목이 되어야 할 것
이다. 그렇게 살아가는 자세가 결혼 후 아이들에게도 바르게 전달되어
먼 훗날 우리 후손들이 먹을 것과 마실 것이 부족하여 고생하는 일이
없었으면 좋겠구나. 너무 거창한 일이 아니고, 아득한 일도 아니다. 또
아버지만의 기우도 아니란다. 제발 너와 네 가족이 살아갈 미래는 지
금보다 더 행복한 세상이 되길 바란다.

아이들이 싫어하는 부모상父母像에 들어가지 마라

사랑하는 딸아!

너도 알다시피 우리 집은 두 개의 중학교로 올라가는 골목이어서 그
런지 학생들이 몰래 집 앞 계단에 걸터앉아 담배를 피우고 간다. 눈에
띌 적마다 제지하지만 그치질 않는구나.

우리 사회에 청소년 범죄가 갈수록 심각해 지고 있다. 절도, 폭행,
강도, 강간, 가출, 혼숙, 마약 복용, 심지어 매매춘에 이르기까지 성인
들의 탈선과 범죄를 뺨치고 있다. 이 땅의 어른들이라면 누구나 자녀
를 둔 부모들인데, 일부 어른들조차 청소년 범죄를 거들고 있으니 큰
일이다. 또 대부분의 부모들은 자기 자녀는 이런 탈선의 무리들과는
다를 것이라는 생각을 가지고 있다.

그런가하면 청소년들에 대한 인신매매가 주야를 가리지 않고 일어나고 있다. 오죽하면 '자녀 안심하고 학교 보내기 운동_{자안심}'이 학부모들을 중심으로 벌어지고, 검찰총장 집무실에 학교 폭력 신고 전화까지 가설하고 있겠는가. 이 지구상에 이런 나라가 어디 있는가. 이것이 동방예의지국이라 칭송받던 우리의 자화상이란 말인가. 생각할수록 속이 답답하다.

우리 사회가 왜 이렇게 되었는지, 청소년 문제는 어디서부터 어떻게 풀어나가야 하는 것인지 착잡하고 비참한 심정이다. 먹고사는 문제에 아등바등하던 시절에도 없었던 청소년 범죄가, 제법 살만해지니까 기승을 부리는 데에는 분명 우리가 간과하고 있는 문제점들이 터진 때문일 것이다. 모름지기 개발development이라는 단어에는 정신과 물질 양면에서 고루 개선시킨다는 의미가 포함되어 있을 것이다. 그런데 우리는 경제 개발에는 어느 정도 성공했지만 정신 개발과 사회 개발에는 실패했다. '잘 살아보세' 하며 땀 흘려 일하긴 했지만 과연 어떻게 사는 것이 잘사는 것인지에 대해 진지하게 고뇌하고 의견을 나누며 합의하는 일에 대해서는 둔한했다는 말이다. 우리의 소중한 전통 정신과 역사는 몰라라 하고 물질 근대화를 선도했던 서양식을 따르다 보니 먹고 마시고 춤추는 데에만 정신을 다 기울였던 것은 아닌가 반성해야 할 것이다. 더 심하게 표현한다면, 제 조상의 소중한 족보를 불쏘시개로 하여 수입 쇠고기를 구워먹으며 배를 두드려온 형국이 아니었나 싶다.

그 결과, 우리 아이들은 생각이나 행동을 본받아야 할 어른을 잃고 말았다. 달리 말하면 부모 세대가 아이들에게 모범이 되지 못하여 기성세대에 대한 신세대의 불만이 높아가고 세대 간의 골이 너무 깊어지고 있다. 부모 세대로서는 통분할 일이지만 그것은 분명 어른들의 업보業報임에 틀림없다. 내 자식 잘 먹이고 잘 입히고, 대학 공부시키느라 등뼈가 휘도록 고생하는 아버지, 비싼 과외비 대느라고 손발 부르트도록 아르바이트를 하는 어머니들이 늘어나고 있건만, 그렇게 키운 자식들이 오히려 부모를 싫어하고 있는 이상한 현상을 어떻게 해석해야 할 것인지 곤혹스럽기만 하다.

아이들이 기성세대를 싫어하는 가장 큰 이유는 부모의 무지無知 때문이라고 한다. 부모가 돈이 없어 상급 학교를 못 다닌 것을 이해하려는 아이들은 별로 없다. 그보다는 부모가 공부를 게을리한 탓에 부모와의 대화에서 얻어낼 것이 없다고 생각하고 있는 것이다. 이 지적은 상당 부분 옳다. 아무리 바쁘다 할지라도 '지식의 폭발 시대'에 처하여 신지식으로 무장해야만 신세대를 지적知的인 면에서 이끌어갈 수가 있는데, 부모 세대는 책을 잃는데 게으르다. 그러니 아이들과 대화가 안 될 것은 뻔한 이치이다. 한마디로 지식이 짧은 부모는 신세대들에게 별 도움이 못 된다. 가정에서나 직장에서나 리더가 아랫사람을 이끄는 데에 가장 필수인 조건은 '지적인 우월'인 것이다.

둘째로, 부모가 정보화 사회의 주인공이 되지 못하고 있다. 입으로는 정보화를 강조하면서 정보 마인드도 없고, 정보 수집과 분석, 활용 기법 등에 대해 잘 모르는 것이 솔직한 현실이다. 지식과 정보라는 자원이 미래 사회 노동의 바탕이 되는데, 우리 부모들은 최신 정보에 대해 잘 모른다. 부모가 컴퓨터를 보고 겁을 먹는다면 아이들의 정보화는 더뎌지고, 설혹 훌륭한 정보 맨으로 서려고 해도 부모의 무지가 도리어 방해가 된다면 그것처럼 불행한 일은 없을 것이다.

셋째로, 세대 간에 문화적인 차이가 너무 크다고 본다. 요즘 신세대는 문화 세대이자 감성 세대이다. 연극·영화·음악·문학·연예·스포츠 등에 관한 얘기가 아니면 대화가 안 될 지경이다. 그런데도 우리 기성세대들의 문화 수준은 겨우 노래방이나 단란주점이나 화투판 정도에 머물고 있는 것이 현실이다. 일 년이 가도 가족과 더불어 문화 행사에 참여하거나 어떤 작품 하나 창작해 내지 못하고 있다. 휴일이면 낮잠이나 자고, 온종일 TV 보고, 친구와 화투판이나 벌리는 부모의 문화수준은 아이들을 문화 지체아로 만들어 놓을 우려가 높다.

넷째로는, 부모의 인성이 문제이다. 아무리 세상이 바뀌었다고 해도 학교에서는 지식을 배우고, 집에서는 부모로부터 인성을 닦는 것이 진정한 인간 교육이라고 볼 수 있는데, 요즘은 그렇지가 못하다. 학교는 인간 교육을 포기한 지 오래고, 가정 역시 너무 바뻐 돌아가는 바람에 아이들에게 따뜻한 심성을 심어주는 데 실패하고 있다. 또한 부모의 인성이 매우 거칠고 전투적이며 이기적이어서 아이들에게 바람직한 인성의 교사가 되지 못하고 있다. 부모는 옆으로 걸으면서 아이 보고 똑바로 걸으라고 해서야 어찌 되겠는가. 부모의 폭언과 폭음 및 폭행 등 이른바 '3폭 증세'는 우리 아이들의 '마음의 밭心田'을 황폐화시키는 독소인 것이다.

다섯째, 부모의 직업적 태도가 문제가 되고 있다. 직장에서 보고 들은 일들을 집에서 아무렇지 않게 함부로 발설하고, 상관을 흉보거나 회사를 욕하는 아버지를 아이들은 매우 싫어한다. 자기 직장을 욕하는 아버지를 아이들이 어떻게 이해할 수 있겠는가. 이렇게 잘못된 아버지의 직업적 태도는 아이들에게 참된 직업관과 직장관을 갖도록 하는데 실패한다. 아울러 아버지의 그런 잘못된 태도는 가정의 평화와 안정에 알게 모르게 금이 가게 하는 쐐기로 작용할 수도 있다.

위에서 몇 가지 현상을 청소년의 입장에서 분석해 보았지만, 부모의 일그러진 상이 아이에게 미치는 영향은 크다는 것을 강조하고자 한 것이다. 우리 아이들은 부모에게 효도하고 싶어하는데, 효도의 대상인 부모가 존경받을 행동을 하지 못한대서야 자식이 불효한다고 누구를 원망할 수 있을까? 현대 사회가 아무리 물질 위주로 질주한다 해도 부모야말로 아이들에게 있어서 최대의 인생 교사가 되어 자식을 올바로 키우려 노력해야 한다. 자녀들에게 존경받지 못하는 부모가 과연 인생에 성공했다고 할 수 있을까? 청소년의 범죄가 기승을 부리기 시작하는 요즈음, 우리네 인생에 더 추운 겨울을 맞지 않으려거든 곰곰 자녀들의 무언의 질타에 한 번쯤 귀를 기울여 보아야 하겠다.

'신랑 교실'이 있다면 내 남자를 입학시킬까?

사랑하는 딸아!

결혼 적령기에 접어든 여성이나 예비 신부들에게 결혼 생활의 기초를 가르쳐주는 '신부 교실'이라는 게 있어 제법 인기를 끌고 있지.

최근 들어서는 이런 교육이 여성에게만 필요한 교육이 아니라 하여 '신혼 교실'이라는 과정이 생겨서 예비 부부들이 함께 소정의 과정을 배운다 하니 참 다행이라고 생각한다.

예로부터 우리나라 남자들은 엄한 가정 규율 속에서 자라나면서 할아버지와 아버지의 언행을 통해 지아비로서 지녀야 할 품덕品德과 올바른 행동거지에 대해 부지불식간에 배워왔다.

그런데 요즘에는 아들이 배워야 하는 교사로서의 아버지의 역할이 거의 사라졌다고 걱정들이다. 아버지가 없어진(?) 때문이다. 아버지의 역할이 이전과는 생판 달라진 것이다. 또 아버지가 그만큼 바빠졌다는 것도 한 이유겠지.

이전에는 집안에서 아버지의 권위는 신성불가침이었다. 아버지의 권위가 그렇게 서슬이 퍼랬던 이유는 무엇일까.

첫째, 아버지의 말씀은 가정에서는 길이요 진리요 생명이었다. 왜냐

하면 아버지보다 세상 물정에 밝은 사람, 지식이나 정보를 더 잘 알고 있는 사람이 집안에는 아무도 없었기 때문이다.

둘째, 아버지의 경제적 역할이 절대적이었다. 아버지가 돈을 안 벌어오면 식구들은 다 굶어죽는다. 또 벌어왔다 해도 술 사 마시고 노름하고 해서 낭비하면 다 굶게 되니까, 아버지의 비위를 맞추느라 온 식구가 다 비상계엄령하에 살듯 그렇게 아버지의 눈치를 보며 살얼음 속에서 살아왔던 것이다.

셋째, 아버지는 집안에서 입법 행정 사법의 3권을 통할하는 최고지도자였다. 어느 누구도 아버지의 권위에 도전할 수가 없었다. 게다가 할아버지까지 계시는 집안이면 가부장적 권위는 더 엄청났다.

그런데 이러한 아버지의 권위 시대가 종막을 고하기 시작한 것은 아들딸과 어머니들이 일터로 나가 돈을 벌기 시작하면서였다. 그때부터는 아버지가 돈을 벌어오지 않아도 식구들이 그 앞에서 벌벌 떨 필요가 없게 되었던 것이다. 상대적으로 왜소해지기 시작한 아버지를 보면서 그 아들은 아버지의 무기력함을 따라 배우게 되었고, 그로 인하여 한국의 남자들은 그 강인한 정신과 활기를 잃게 되었다. 머리털 잘린 '삼손'의 꼴이라고나 할까. 아버지의 위기 시대, 그것은 아버지들이 자초한 것인지도 모른다. 그러나 이제 한국 남자들의 기를 살려야 할 때가 되었다. 아버지의 역할이 애매해지고 왜소해진다는 것은 가정의 발전을 위해서 매우 불행한 일이기 때문이다.

그 방법으로, '신랑 대학'이나 '신랑 교실' 같은 교육기관을 만들어 새로 출발하는 아버지 예비생들의 기氣를 살려주었으면 한다. 아무리 민주화니 세계화니 정보화니 해도 아버지의 위치와 역할이 나약하게 되면 가정은 무너지게 되고, 그 무너진 가정 위에 사회와 국가가 튼튼해질 수 없다고 생각하기 때문이다. 남녀평등 시대에 너무 진부한 얘기가 아닌가 비난할 사람도 있겠지만, 아버지들의 절박한 목소리에 여성들이 조금 귀 기울여 주었으면 좋겠다.

처가妻家는 우리 시대 새로운 성공의 아이콘이다

딸아, 처가에 지극 정성인 네 오빠를 어떻게 생각하니?

나는 아들에게 "처가를 잘 챙겨야 네 아내가 시댁을 잘 챙길 것이 아니냐."라고 강조했단다. 처가를 생각하는 아들만큼 며느리가 시댁을 생각하려고 노력하고 있으니 고마울밖에. 이제는 너에게 '시댁을 잘 섬겨야 한다.'라고 강조해야 할 때가 되었구나. 예나 지금이나 시댁과 처가, 이 둘은 젊은 부부들에게 심리적으로는 '가까이 하고 싶으면서도 멀어진 존재'인지도 모른다. 하지만 요즘 같이 팽팽 돌아가는 시대에는 처가와 화장실은 오히려 가까워야 득을 본다. 아이를 맡길 때도, 급전이 필요할 때도, 집을 보아 달랄 때도 가까이 있는 처가는 든든한 빽이 된다. 어디 처가뿐인가. 이제는 시댁도 가까이 있어야 며느리들이 덕을 본다.

네 오빠 내외가 서울 무악재에 살 때는 주말이면 아이들이랑 무시로 찾아와 집안에 사람 사는 소리가 가득했지. 음식을 새로 장만하느라 네 엄마는 늘 부산을 떨었고. 지금 생각하면 행복한 날들이었다. 그런데 김포로 이사를 가고 나서는 한 달에 한 번 만나기도 어렵구나. 손주들이 그립지만, 아들 내외 역시 직장을 가지고 아이들 키우는 단련과 고통이 자심하니 이것이 핵가족의 애환이 아닌가 한다.

너도 알다시피 아버지는 처남이 넷이다. 처형과 처제가 한 명씩, 네 엄마를 더하면 처가 형제가 일곱이다. 많은 것 같지만 10년 동안 못 만난 처남도 있으니, 장성한 뒤 각자 살길이 바쁘다 보면 칠 남매는 많은 숫자가 아니다.

어릴 때 어른들은 "처갓집과 변소는 멀수록 좋다."라고 말씀하셨다. 왜 그런 말들이 생겼을까.

아마 그 옛날 못살던 시절의 얘기일 것이다. 먹을 것이 적었던 시절에는 하나라도 더 입이 늘면 피해를 당했으니까. 하지만 요즘에는 처가 덕을 보면서 성공하는 사위가 얼마나 많은지 모른다.

나도 젊을 적에는 처가가 왠지 부담스러웠단다. 별로 도와드리지도 못한 주제에 이런 말하면 처남들한테 욕먹을 지도 모르지만, 이제 나이 들어가니까 다 이해해 주리라 믿는다. 그런데 이제는 생각이 달라졌다. 생판 모르는 남들도 돕고 사는 세상이 아닌가. 항차 친인척을 멀리한다는 것은 도시 이치에도 맞지 않고, 또 그리 한다고 돈이 쌓이거나 복덩이가 굴러오지도 않는다는 것을 알았단다. 내가 처가를 따뜻이 대하지 않으면 그들 역시 내게 무슨 곰삭은 정을 줄까. 형제간의 정이 사라지면 네 엄마는 얼마나 사는 재미가 없을까. 또 내가 처가와 '소 닭 보듯이' 지내면 네 엄마는 얼마나 외롭고 쓸쓸할까.

나이 들어가면서 소중한 것은 돈이 아니라 사람 사는 맛이요, 정이더라. 그런데 그것은 남보다는 피붙이가 가장 가까운 것이니, 내 형제가 소중하면 처가도 소중한 것이 아닌가.

처가, 그것은 하나가 될 수는 없지만 영원한 친구 같은 것.

이제는 '양념통닭'으로 자리를 바꾼 장모님의 '씨암탉'이지만, 그래도 가까이 해야만 살맛이 나고 삶의 경쟁력이 생기는 우리 시대의 성공 아이콘이다. 네가 시집을 가면 네 남편의 처가가 바로 우리 집이지. 내 생각을 네 남편 될 사람도 가져주었으면 좋겠다.

'효도孝道' 라는 두레박이 퍼 올리는 가치를 알자

사랑하는 딸아!

네 남자 친구 댁의 어른들에게 지금도 자주 인사드리고 있겠지?

1996년에 노벨경제학상을 수상한 미국 시카코대학의 '게리 베커' 교수는 이렇게 말했다.

"한국인은 전통적인 대가족 제도와 효孝 사상으로 한강의 기적을 이뤄냈다. 그러나 앞으로 이 두 가치를 잃어버린다면 한국의 재도약은 어려울 것이다."라고. 어찌 보면 그는 우리가 근대화 과정을 밟으면서 잃어버린 것에 대해 가장 정확히 꼬집어 주었는지도 모른다. 우리가 지금 와서 가장 아파하는 부분이 바로 훌륭한 전통 정신의 실종인데, 그가 정곡正鵠을 찌른 것이다.

생각해보면, 우리는 선진국에 비해서 자원이나 인구, 자본, 기술 면에서 불리한 위치에 처해 있다. 그나마 상품의 품질 경쟁에 있어서도 우리 상품의 불량률이 일본이나 대만보다 높다. 아직도 개발 시대의 패러다임에 빠져 있다는 반증이라고 생각한다.

우리가 외국에 내놓을 수 있는 것은 철강, 자동차, 조선, 반도체, 전자제품 등과 더불어 우리의 높은 문화수준인데, 고급의 문화재도 따지고 보면 다 옛날 것이다. 신라금관이나 첨성대·상감청자·팔만대장경이 그렇고, 한글·거북선·경복궁·비원·경회루 등이 다 옛날 것이 아니던가.

21세기를 맞은 지금 다른 나라들은 최고 기술과 지식 정보로 승부를 하는데, 우리는 세계 시장에 내놓을 게 별로 없다는 말이다. 2007년에 세계 시장에서 1등의 지위에 오른 제품 수가 59종에 이르지만, 중국은 833종에 이르니 이제 중국 제품을 낮춰보는 버릇은 접어야 할 것 같다. 아무튼 오늘의 국력을 만든 것은 역사와 문화에서 뽑아낸 창조정신이었다. 남과는 다른 우리만의 독특한 정신문화 말이다.

우리는 안에 있어서 잘 모르고 있지만, 외국에서는 '한국의 정신'을 높게 평가하고 있다. '한류 열풍'이 바로 그것이라는 것 너도 잘 알 것이다. 그 '한국 정신'이란 무얼까. 사람과 자연, 그리고 하늘을 똑같이 존중하는 얼을 말한다.

서양 사람들은 물질문명을 발달시키느라 자연을 파괴하고, 남의 나라를 침략하여 자원을 빼앗아가고, 심지어 사람들까지 끌고가 노예로 부려먹곤 했지만, 우리 한국인은 그렇지 않았다. 상대방이 누구든 사람을 가장 존귀한 존재로 보고 존경하며 떠받들어 주는 것이 우리 정신이었다. 그러니까 '게리 베커' 교수의 지적이 옳다. 우리는 천지 간의 모든 생물과 무생물을 사랑하는 마음 하나로 모든 위기를 이겨내고, 반만년 역사를 꾸려온 민족이다. 홍익인간 사상이라는 5,000년 전래의 정신 역시 인류 모두에게 행복을 안겨주자는 정신이 아니겠니?

서양 사람들이 우리나라에 와서 제일 부러워하는 것은 김치 불고기도, 파란 가을 하늘도, 고궁과 민속촌도 아니다. 적어도 물질적인 것은 아니다. 어이없다 할지도 모르지만, 그건 노인을 공경하는 미풍양속이라고 한다. 특히 자식들이 부모를 한집에 모시고 함께 사는 것, 서양 사람들은 그것이 그렇게도 부럽다고 한다.

하얀 머리의 노인이 손자와 더불어 어르고, 집에서 잔일을 거들며,

생활에 있어서 한 중요 멤버가 되어 움직이는 것, 그것이 바로 동서고금을 막론하고 노인들이 바라는 진정한 행복이라고 주장한단다.

서양 사람들은 노인 복지가 아주 잘되어 있어서 노년이 되면 공원 벤치에 앉아 편안하게 노을을 바라보며 유유자적한다. 우린 그게 참 행복인 줄 알았는데, 그들은 생각이 다르더구나. 맛 좋은 빵과 고기를 먹고, 옷 잘 입고, 잘 쉬고, 아프면 병원 다니며 치료하고 하는 것이 결코 행복의 충분 조건은 아니라는 것이다. 비록 의식주는 풍족하지 못해도 3대나 4대 가족이 한데 어울려 대화하고 협동하며 살아가는 것, 그러다가 나이 들어 죽을 때는 차가운 병원 침대가 아니라 자식들 팔에 안겨 죽는 것, 바로 그것이 인생에 있어서 최대 행복이라는 말이다.

북유럽 노인네들은 겉으로는 참 행복해 보인다. 물질 복지가 최고 수준에 이르러 부족함이 없으니까 말이다. 그런데도 그들은 사람이 그립다면서 한국의 노인 복지를 인간 복지humanistic welfare, 생애 복지life-long welfare라고 참말로 부러워들 하고 있다. 사실은 서양 사람들이 말하는 그런 노인 공경이나 웃어른 모시기는 우리 사회에서 점점 아득한 전설로 바뀌고 있어서 좀 부끄럽지만 말이다.

우리나라 사람들은 노인숙련 인간을 공경하는 아름다운 전통을 지니고 살았다. 어딜 가든지, 뭘 먹든지, 항상 웃어른을 먼저 생각해왔다. 버스나 지하철을 타도 자리를 노인에게 양보하는 것은 우리의 아름다운 전통이요 미덕이다. 젊은이들이 노인에게 자리를 양보하는 것은 누가 해라 마라 해서 하는 것도 아니고, 법에 규정되어 있는 것도 아니고, 그냥 마음 깊은 곳에 자리 잡은 심지心志, 즉 인간의 원초적 정서에서 비롯되는 것이다. 그런 마음이 없는 사람이라면 그는 한국 땅 어딜 가나 환영받긴 틀린 존재라고 생각한다.

서양 사람들은 산술적인 평등의식이 강하다. 그러니까 나 아닌 모든 대상을 너you라고 부르지. 그러나 우리는 이 세상에서 인간이 가장 존중받아야 할 대상이라는 것을 잘 알지만, 평등에는 숫자적인 것 말고도 다른 질적인 것이 있음을 아는 고급의 민족이다. 평등에는 수적인 문제를 떠나 양적인 평등, 질적인 평등도 있다는 것을 알지.

사람이면 그가 누구든 '존재'와 '생명'이라는 점에서 같은 가치를 지니고 있지만 70년이 넘게 이 사회와 국가를 위해 봉사한 나이 든 사람과 이제 갓 태어난 아이와는 그 함량이 다르다는 이치를 터득하고 사는 것이 우리 민족이야. 더욱이 저를 낳아준 부모와 그 부모 밑에서 20여 년을 자란 자녀는 다르다는 것을 인정하고 있지. 그런 이유로 노년 세대를 대하는 신세대의 태도와 행동은 각별해야 하는 것이다.

효도는 고리타분한 옛것이 아니라 서양의 물질문명이 잊어버린 인간의 경쟁력을 되찾는 최선의 방법 중의 하나라고 생각한다.

제 부모에게 효도할 줄 알아야 사회에 나가 '고객감동'을 선사할 수 있지 않겠니?

5. '운명'은 없다. 매일 새로 태어나라

나약하게 운명에 끌려다니지 말고 부딪쳐라

목소리가 고운 딸아!

요즘 각종 매스컴에는 가수 인순이가 인기인으로 새롭게 떠오르고 있단다. 이미 30여 년 전부터 인기인이지만 최근에 그녀를 보는 눈들은 가수에서 머무르지 않는다. 그녀는 단순한 가수가 아니라 모든 것을 포용하고 용서하고 베풀 줄 알며, 자신을 버려 이웃에게 희망을 주는 사람으로 재평가받기 시작했다.

나는 인순이를 보면서 '노래하는 성녀'라고 생각했다.

성녀聖女란 성모 마리아나 마더 테레사처럼 일생을 사랑과 봉사로 살아온 여인, 온갖 세속적 욕망과 가치를 버리고 신앙과 참선에 몰두하여 인간 완성으로 전진하는 여인을 말하지.

그에 더하여 각박한 현실 속에서 용서와 사랑으로 모든 것들을 안고 가는 용기와 지혜를 갖춘 여인을 또한 성녀라고 할 것이다. 그래서 인순이는 성녀라 해도 지나치지 않는다고 생각한다.

그녀를 보면 고진감래苦盡甘來라는 사자성어가 살갑게 느껴진다.

혼혈인에게 갖는 한국인들의 오죽잖은 이상한 배타성 때문에 인순이는 50년을 울었다. 이제 그녀의 눈에는 흐를 눈물이 없다. 온갖 편견과 모욕과 미움을 이기며 살아오는 동안 그녀가 흘린 눈물의 양은 용산 이태원에서 한강 둑을 넘었을 것이다. 하지만 물이 불을 이기듯이 그녀는 이제 웃고 있다. 그동안 흘린 눈물이 모두 영롱한 보석으로 바뀌어 미소의 꽃으로 자랐기 때문이다.

얼마 전 그녀가 서강대의 초청을 받아 수많은 학생들 앞에서 한 말이 화제가 되고 있다.

핵심은 '운명에 끌려다니지 말고 부딪쳐라' 였다.

그렇다. 그녀는 눈물의 바다에서 수많은 운명의 칼날들을 끌어안고 영롱한 진주로 만들어냈다.

그녀에게 운명론은 차라리 사치요 언어의 유희였는지 모른다. 처절한 삶의 각박함이 그녀에게 운명 같은 것을 거추장스럽게 여기도록 했는지도 모른다. 운명이란 스스로 만들어낸 것이요, 따라서 스스로 바꿀 수 있다는 것을 그녀는 깨달았다고 생각된다. 나의 참모습, 진아眞我를 찾은 것이지.

어느 기자는 그녀의 '운명 거부론' 에 대해 이렇게 해석하기도 했다.

"독한 사람이 되지 말고 강한 사람이 되라."

"과거의 노예가 되지 말고 미래의 주인이 되라."

"인생은 문제가 아니라 문제집이다. 문제만 있는 것이 아니다. 해답이 있다.”라고.

요즘처럼 매일의 삶이 힘든 세상에서 인순이의 ‘행동하는 운명론’은 청량한 생명수처럼 우리의 머리를 적셔준다. 아니 배고파 헤매는 많은 이들, 절망과 낙심 속에서 거리를 떠도는 슬픈 군상들에게 온유한 칼날이 되어 한줌의 뜨거운 고깃점을 던져주고 있다. 그러면서 그녀는 속삭인다.

‘많이 가지려고 일하지 마세요. 살려고 일 하세요. 일은 도道예요. 일 속에서 인생의 참 수업을 쌓으세요.’ 라고.

그녀는 오늘도 온몸으로 춤추고 노래하며 인간과 삶의 존엄성을 포교하고 있다.

계절 따라 변하는 날씨처럼 조화롭게 살자

사랑하는 딸아!

어제 네 편지를 받고 기분이 좋았단다.

가까이 있을 때 너에게 못해준 이야기를 자주 글로 써 보낸 것이 네게 용기가 되었다니 다행이다. 부모 자식이란 천륜이라는 고리로 얽혀 있어서 죽거나 살거나 한 몸이란다. 네가 시집을 가서 살아도 친부모와 떼려야 뗄 수 없는 관계를 안고 무덤까지 간다. 아니, 저승에까지 이어진다고 생각한다.

아무튼 어려운 과정을 거쳐 논문 1차 심사에 통과한 것 축하한다.

아버지가 말 안 하던? 인생도처人生到處에 유청산有青山이니 너무 낙망하지 말라고 말이다. 삶이란 흐르는 물과 같고, 걷는 길 같아서 가다보면 깊은 강이 가로막고, 높은 뫼가 가로막기도 한다. 강이니 산이니 하는 것을 꼭 자연 조건만으로 생각하진 않겠지?

그렇단다. '살다 보면'이라는 노래도 있듯이 정말로 살다 보면 온갖 일들이 다 닥친다. 나의 의사와는 무관하게 닥치는 시련과 고난은 어떨 땐 눈물과 절망을 선사하기도 하고, 어떤 땐 이상한 오기가 발동하여 더 큰 용기로 바뀌기도 하지.

하늘은 늘 푸르지만은 않듯이 또 늘 흐리기만 한 것도 아니란다. 일년 사시사철이 온갖 조화를 부리며 바뀌는 것을 보노라면 어쩌면 인생은 자연과 꼭 닮았다는 생각이 든다.

그래서 흐린 날이라고 너무 우울해하지 말고, 맑은 날이라고 너무 좋아할 것도 아니란다. 기후는 그렇게 변해야만이 오곡五穀을 익히고 백화百花를 피우는 법이 아니겠니.

우리들 인생 농사에서도 곡식이 여물고 꽃이 피려면 희로애락이라는 기후가 계속 변화하면서 나타나야겠지. 나의 정신의 농사, 가정의 융성을 위해서 말이다. 흐리거나 비 오는 하늘은 사람을 침착하게 또 생각하도록 만들고, 밝게 갠 날 화창한 하늘은 사람을 기쁨과 희망으로 들뜨게 한다. 눈 내리는 날에는 먼 추억과 피안의 세계를 생각게 하고, 바람 부는 날에는 서럽고 고단한 이웃을 생각게 해준다. 이 얼마나 고마운 기후 변화더냐. 인간이 미처 깨닫지 못한 삶의 오묘한 이치를 날씨는 이처럼 알려주고 있단다.

그래, 우리 모두 날씨처럼 적절하게 변화하면서 살자꾸나.

병아리가 되지 못하면 달걀부침계란프라이이 되고 만다

사랑하는 딸아!

알에서 부화한 생명체, 그것이 병아리인 줄은 누구나 아는 사실이지. 그런데 미처 부화하지 못한 알은 곯아버리거나 아니면 달걀부침이 되어 상에 오른다. 물론 처음부터 달걀부침을 하려고 준비한 달걀이야 별도로 치자.

어느 달걀은 생명으로 탄생하여 한 생을 사는데, 어느 달걀은 어미 배에서 나온 지 몇 시간이 못 되어 기름이 끓는 프라이팬에 올라가고 만다. 참으로 기구하고 극명한 생명의 대조가 아닐 수 없잖니.

한 20여 년 전으로 기억된다. 네가 다니던 수색초등학교 뒤에 있는 시장통을 함께 걷던 삼촌이 통닭집 앞 닭장에 가두어져 있는 닭과 이미 기름으로 튀겨진 통닭을 비교하면서 '생과 사'라고 말하더구나. 그 말을 들으면서 웃었지만 한편으로는 그처럼 생과 사가 대조되는 장면이 어디 있을까 생각해 보았단다.

자, 어미 닭과 알에 대해 좀 더 생각해 보자꾸나. 어미가 품은 알이 삼칠일 만에 병아리가 되는 순간 알 속에 있는 가녀린 부리로 알 벽을 두드린다. 곁에서 병아리의 그 소리를 들은 어미는 즉시 부리로 알을 쪼아 병아리의 탄생을 돕는단다.

알을 낳고, 그 알을 품어서 병아리로 만든 뒤에도 암탉은 또 한 번 적절한 타이밍을 맞춰 생명을 구해낸단다. 이 어미 닭의 모성, 얼마나 아름답니. 이런 현상을 보면서 생명의 탄생과 같은 대변화는 누가 시켜서 하는 것이 아니라는 사실을 알게 된다. 우리는 변화를 무슨 위대한 발견인 양 떠들고 호들갑을 떨지만 자연의 변화에서 볼 수 있는 것처럼 생명체가 살기 위해서 택해야 하는 것이 변화이다.

변화의 동기 유발을 위해 누군가 노력해 준다 해도 결국은 자기 스스로 내부에서부터 우러나와야 진정한 동기 유발이 된다. 이것을 자각 自覺이라 해두자.

사람은 철이 들면 다 자각을 통해 성장한다. 자각은 발전을 위한 필수조건이지.

자각이 없으면 미래 비전이나 희망이 없다.

철이 들었느니 안 들었느니, 또는 덜 들었느니 하는 말은 곧 자각의 정도를 두고 하는 말이지. 개인이나 조직이나 모두가 이 자각을 소중히 하고 스스로 변화하려는 몸부림을 자주 해야 '생명처럼 소중한 가치'를 얻게 된단다. 노력도 이 자각이 바탕이 되어야 헛수고가 되지 않는 것이다. 너도 살아가면서 많은 변화를 강요당할 것이다. 그 변화를 어떻게 창조적으로 받아들여 발전시키느냐에 따라 너 자신과 네 가정의 미래가 달라진다. 세상에, 일구월심으로 한결같이 무변화를 지향하며 살 수 있는 삶은 없다.

다만 인간성을 변질시켜 가면서까지 삶을 갈구하는 것은 진정한 변화와는 거리가 먼 것이라는 점을 이해해 주었으면 좋겠다.

삶이 힘들더라도 악성 '다단계 피라미드'를 조심하라

사랑하는 딸아!

요즘 세계 각국이 인플레이션 때문에 아우성인 줄 너도 알고 있을 것이다. 물가 인상은 일자리를 잃는 것만큼이나 서민에게 치명적이지.

그런데 생활하기가 어려워지면서 가정주부나 실직 남자들을 대상으로 하는 각종 범죄가 폭증하고, 이상한 마케팅 수법도 난무하고 있다. 그중 하나가 피라미드 다단계 판매망이라는 것이지. 말로는 합법적인 방문 판매라고 주장하지만 그들의 속셈은 뻔하단다. 조금이라도 벌어서 가계에 보탬이 되었으면 하는 젊은 여성들의 간절한 소망을 악용하여 각종 방법으로 옭아맨다. 물론 정상적인 영업으로 가계에 도움을 주고, 여성의 자아실현을 돕는 성실한 업체들도 있지만 그런 업체는 극히 일부란다. 그러니 잘 살펴봐야 한다.

악성 다단계 업자들은 '언제까지 남편의 쥐꼬리 봉급에 매달릴 것인가. 이제는 여성이 돈 벌어 집도 사고, 노후 대책을 세워야 한다. 많은 사람들이 그렇게 하여 성공했다.' 라고 꼬드긴다.

그들의 감언이설에 속아 매월 통장으로 수십에서 수백만 원씩 자동 입금되는 것으로 오해한 젊은 여성들이 빚을 얻어 등록을 한다. 그러나 결론은 돈만 날리고 많은 친인척과 친구들에게 피해를 안겨주어 얼굴을 못 들게 되는 예가 부지기수이다.

그래서 혹시 이런 유혹이 있을 때는 먼저 인터넷에 들어가 '안티 피라미드' 라는 단어를 쳐보거라. 문제가 된 다단계 판매회사의 반대 사이트가 떠 있고, 그 안에는 피를 토하는 울분과 배신, 사기, 고소 고발, 진정 등이 가득할 것이다.

생각해 보자.

그들의 설명대로라면 자기들 물건이 가장 우수하여 많은 사람들이 돈 벌어 성공한다. 그런데 그토록 경쟁력 있는 상품이라 돈 벌기가 쉬우면 왜 떳떳하게 시장에 내놓아 판매하지 못하고, 가게도 없이 점조직으로 사람을 그러모아 보증금을 빼앗아가고 다른 사람을 유인하도록 반협박하는가, 이해할 수가 없더구나.

아버지는 연전에 취재차 서울 강남 모처의 다단계 판매자들 임시 강의장에 가본 일이 있었다. 한낮에 들어가 본 강의장은 한마디로 아비규환이요 사기 냄새가 가득했다. 강사들은 이구동성으로 돈 벌기가 아주 쉽다고 떠벌이면서 찾아온 사람들을 천치 바보라서 돈도 못 버는 못난이로 취급하며 염장을 지르면서 부추기고 있었다.

내가 이리저리 교육장을 둘러보자 한 남자가 내게 다가와 통장을 보여주며 매일 15만 원씩 입금이 된다고 자랑하는 것이 아닌가. 다단계를 성공적으로 운영한 결과란다. 행색이 초라한 그는 이미 상당 금액을 빼앗긴 것으로 보였다. 내가 "통장 주인의 이름을 보자."라고 말하니 표지는 없고 알맹이만 달랑 복사하여 가지고 있었다. 난 그에게 "얼마를 버렸는지 모르지만, 본전 생각일랑 잊어버리고 그만 접으라. 조금만 더 나가면 당신 가족이 깡통을 찬다."라고 말해주었다.

얼마 전에는 고향의 친척 한 분이 다단계 판매망에 빠져 집을 잃어버릴 상황에 직면했다는 아우성이 들려왔다. 그 역시 10여 년 동안 수많은 상품을 가지고 다니면서 여러 지인들에게 피해를 주었다. 전화기에서부터 고혈압 특효제(?), 건강식품, 자동차 완전연소 보조제까지 들고 다니며 팔았다. 가격도 보통 100여만 원씩 하는 물건인데, 시중에는 전혀 나오지 않는 것들이요, 심지어 신문 광고나 홈쇼핑에도 없는 정체불명의 물건들이었다.

지금도 얼마 안 남은 그의 재산을 노리고 묘령의 여인을 동원하여 수시로 그를 불러내어 그가 마치 '조직의 중요한 포스트'인 것처럼 착각하게 만들고, 계속 신상품을 선전하도록 강요하고 있다고 한다.

여기서 누가 다단계 피라미드에 쉽게 현혹되는가 생각해 보자.

▶경제적으로 곤란한 사람 ▶경제적인 지식이 부족한 사람 ▶가정이 부유해서 철없는 사람 ▶독립심이 강한 사람 ▶일확천금의 허영기가 있는 사람 ▶친구나 친지의 청을 물리치지 못하는 사람 ▶다단계 판매 간부가 볼 때 당차지 못하고 기가 약한 사람 등이다.

돈이 필요하여 무언가 해보려는 젊은 여성들에게 친인척을 활용하는 마케팅은 아주 손쉬운 방법일 것이다. 하지만 결국은 자기만 사기 당하는 것이 아니라 많은 사람을 울리고, 인간관계까지 소원해지고 마니 함부로 가입해서는 안 된다.

위에 언급한 7가지 패턴 중에서 내가 어느 부류에 속할 수 있는가, 냉정히 생각해 보고 악성 다단계 피라미드에 낚이지 말기를 바란다.

또 한가지는 '보증'을 함부로 서지 말라는 것이다. 남의 '보증'을 서 주었다가 집까지 날리는 사례가 우리들 주위에는 비일비재하다. 아무리 거절하기가 힘이 든 친인척이나 친구간이라도 이 '보증'만큼은 신중해야 한다. 인정에 휘말려 가산을 탕진하는 불행을 당하지 않도록 적절히 행동하거라.

내 생각에는 어려움을 호소하는 친인척에게는 '보증'을 서주기보다는 차라리 얼마만큼의 현금 부조를 해주고 용기를 북돋아 주는 편이 낫다.

물고기의 생존 방식 : '거슬러 오름'의 미학을 배워라

사랑하는 딸아!

어느새 6월이구나. 아버지는 어릴 적에 시골에서 자라서 여름이 되면 개울에서 피라미를 잡던 추억이 새록새록 솟는단다. 날렵하게 헤엄쳐 다니는 피라미들을 투박한 고무신으로 건져 올리기는 쉬운 일이 아니었지. 피라미나 송사리의 동작은 인간의 손을 비웃을 만큼 빠르니까.

그런데 고기잡이에도 다 방법이 있다. 그것은 고기의 본능을 이용하는 것이지. 졸졸 물이 흘러내리는 쪽으로 머리를 향한 채 끊임없이 오르려고 애쓰는 녀석들일수록 서너 마리씩 무리지어 한 방향을 향하고 있어서 꽁무니 쪽에서 역방향으로 물을 퍼 들어 올리면 된다. 개울가의 피라미이기 때문에 가능한 일이지 큰 고기는 어림없는 일이다.

큰 계곡이나 강 상류에 사는 물고기들은 힘이 세다. 무서운 힘으로 거센 물줄기를 향해 집요하게 돌진하는 녀석이 있는가 하면, 큰 힘을 들이지 않지만 꼬리를 흔들면서 물줄기를 거슬러 오르는 녀석들도 있다. 왜 물고기는 물을 거슬러 오를까. 편하게 흐르는 물을 따라 헤엄치면서 먹이를 찾으면 안 되는 것일까? 그 이유는 이미 흘러내린 물에는 먹이가 없거나 부족하기 때문이야. 그래서 위에서 흘러내려 오는 물에서 새로운 먹이를 찾고자 함일 거야. 물론 연어처럼 산란을 위해 모천母川으로 회귀하는 물고기들도 있지만.

강물을 따라 내려오는 물고기를 보면 대부분이 죽었거나 힘이 약한 것들이다. 살아 있는 물고기는 기를 쓰고 상류를 향해 오른다. 물고기의 귀소歸巢는 물이 아니고 산일지도 모른다는 생각이 들 정도로 녀석들은 집요하게 상류로 올라간단다.

얼마 전 모 신문에서 최인아제일기획 전무 씨의 「죽은 물고기만이 강물 따라 흐른다」라는 글을 읽고 크게 생각하는 바가 있었다.

그의 말은 물고기에 관한 것이 아니라 인간의 삶에 관한 이야기였다. 편하게 살되 비전 없이 그냥저냥 대충 사는 방법과, 개성을 살려 크게 사는 방법을 물고기의 행동에 비유한 것이었다. 흐르는 물에 제 몸을 맡기는 삶은 세태에 실려 유행 따라 살아가는 방법이지만, 반대로 물을 거슬러 오르려는 삶은 나만의 길을 개척하며 사는 삶이다.

세상살이에는 바람이나 유행 같은 것이 있다. 한때의 풍조에 불과한 것인데도 그 대열에 끼지 못하면 낙오된 인생인 듯 여기는 것이 보통 사람들의 생각이다. 한 예로, 명품 소비라든가 조기 유학 같은 것들인데, 남들이 하니까 나도 따라서 하는 것은 대책 없고 부질없는 짓들이다. 머지않아 후회할 일인데 우리는 유행이라는 시류에 좇아 허둥대며 달려든다. 그러나 성공한 사람들은 자기만의 길을 갔다. 아무리 큰 어려움이 닥쳐도 그것을 이겨내며 전진하여 나만의 세계를 만들어 나갔다. 최인아 씨는 "나만의 길을 간다는 것은 외롭고 두렵지만 아름답다."라고 말했다. 참으로 솔직한 말이다.

훌륭한 문화를 지닌 직장은 거슬러 오르려는 직원들을 비난하고 조소하지 않는다. 도리어 그들에게 용기와 힘을 주고, 그 거스름이 직장의 경쟁력 향상으로 이어지도록 유도한다. 이른바 '튀는 개성과 아이디어'를 용납하는 직장이라야 미래가 있다. 직장이 위에서 시키는 일만 하는 직원들로 가득한 강이나 호수라면 머지않아 그 물은 썩게 되고, 결국 물고기조차 죽고 만다.

거슬러 헤엄쳐 올라가야 사는 물고기의 지혜는 인간에게도 무한 도전과 개척, 그리고 고난의 극복이라는 화두를 던져주고 있다고 생각한다.

나비 알의 3%만이 화려한 나비가 된다

사랑하는 딸아!

요즘은 변화와 혁신이라는 단어가 우리 모두에게 공통의 화두話頭가 되었구나. 그만큼 세상의 변화가 눈부시고, 그 변화를 주도하지 못하면 낙오되고 만다는 절박감 때문일 것이다. 곧 사회생활을 시작할 너에게는 조금 겁이 나는 단어이기도 하지. 그런데 사람들은 그 변화를 남의 것으로만 생각하는 경향이 있다. 인간과 시장과 조직들이 이러이러하게 변하니 나도 변해야겠다는 생각을 하기 전에 그 변화를 남에게만 주문하는 경향이 있다는 말이다. 특히 직급이 높은 사람일수록 자기는 빠지고 스스로를 무오류의 변화 주도자로 착각하고, 부하들에게만 변화를 강요하는 경우가 많다.

또 하나, 내적인 변화보다는 외적인 변화에 치중한 나머지 속은 그 대론데 겉으로만 '변화하는 척'을 하는 수가 많다. 겉으로만 덧칠을 하고나서는 변했다고 자만하니 이것은 변화의 변질을 잘못 알고 있는 일이 아니겠니. 한마디로 '변화의 화장발'이라고나 할까?

변화는 반드시 혁신을 수반해야 한다. 혁신 없는 변화는 죽은 변화요, 그 생명력이 오래가지 못한다. '천천히 하지 뭘…' 하고 시간만 보내는 것은 변화가 아니다. 요즘 젊은이들 사이에 신드롬처럼 번지는 얼짱이니 몸짱이니 하는 식의 변화는 진정한 변화가 아니다. 일종의 외모 콤플렉스를 의술이나 운동으로 커버해 보자는 것인데, 내면까지 다듬는 노력이 병행될 때 진정한 인간 변화라고 할 수 있지.

기업의 경우는 어떨까. 기업은 혁신적인 변화가 있을 때 생산성 증대와 연계된다. 개인의 경우야 스스로의 인생이니까 자유에 맡겨도 되지만 기업은 나 하나가 아니고 많은 요소의 결합이며, 소비자가 항시 주시하고 있기 때문에 혁신적인 변혁이 있어야 변화의 생명력이 살아나서 경쟁력이 생긴다. 그래서 구성원 모두가 '나부터 변해야 조직이 변한다.' 라는 변화 철학을 생활화해야 한다.

변화는 탈을 벗는 일이기 때문에 고통과 인내가 따른다.

예를 들어, 알이 애벌레에서 다시 번데기로, 그리고 나비로 부화하는 과정에서 마지막 성공률은 3%라고 한다. 100개의 알 중에서 화려한 나비로 부활하여 행복한 삶을 누릴 수 있는 확률이 겨우 3개라는 말은 자연현상에만 한정된 이치가 아닐 것이다. 인생사 어디에나 3%의 성공자가 나머지 97%를 이끌어간다. 우리는 그 3% 안에 들어가야 진정한 변화의 주도자가 될 수 있는 것이다. 3%에 들어가려면 얼마나 많은 노력이 필요한가, 이것을 생각하면서 변화와 혁신이라는 단어를 말할 때는 보다 진중鎭重해야 할 것이다.

그토록 강한 '대나무도 얼어 죽는다' 는 사실을 아는가

지난 겨울은 참으로 추웠다.

부자들은 모르겠지만 서민들은 한겨울 나기가 여간 어렵지 않았단다. 추운 겨울나기가 어려운 것은 어디 사람뿐이겠니? 몽골에서는 수백만 마리의 가축이 동사凍死했다더구나.

내가 자주 다니는 경상도 산청 지방 대나무 밭에는 얼어 죽은 누런 댓잎들이 지천이다. 먼데서 보면 흡사 가을철 억새풀 같이 동네 뒷산을 가득 메우고 있더구나. 사시장철 푸른 나무로만 알았던 대나무에게도 혹한은 견디기 어려웠던 모양이다. 나는 그 모습을 바라보면서 추위에 강한 대나무에게도 자연환경은 불가항력적인 존재라는 사실을 새삼 느꼈단다. 그 얼어 죽은 대나무를 보고 사람들은 '얼마나 추웠으면 얼어 죽었을까' 하고 애석해하며 자연의 무서움에 혀를 찬다.

대나무가 얼어 죽는 것처럼 사람도 마찬가지가 아닐까 한다.

대쪽같이 지조가 곧은 선비나 지사志士들도 죽음 앞에서는 절개를 지키기가 힘든 것이 나약한 인간의 본성이자 본능 아니겠니. 사람은 누구나 살고 싶어 하지 죽기를 원하는 사람은 없다. 죽음은 사람을 두려움에 떨게 하는 가장 무서운 적이다. 혹시 절절한 사랑을 나누는 사람들 사이에는 목숨을 사랑과 바꾸는 사람도 있을 것이다. 또 나라와 겨레를 위해, 또는 신을 위해 목숨을 초개와 같이 버리는 사람도 있을 것이다. 하지만 그것은 특수한 상황이요, 소수의 일이 아니겠니.

지난날 친일파로 분류되어 욕을 먹고 있는 이광수, 서정주, 안익태 등을 보자. 30년이 넘게 지속되는 일본 제국주의의 시퍼런 칼날 앞에서 그들은 살기 위해서 몇 편의 어용 작품을 만들고 말았지. 시 한 편, 노래 한 곡과 자기 목숨을 바꿀 수는 쉽지 않았을 것이라는 생각에 미치면 그들의 행동에 이해가 간다.

그들은 얼어 죽은 대나무이다. 엄혹한 추위가 오상고절傲霜孤節을 꺾어버린 것이지. 그러나 한 걸음만 나아가 생각해 보자. 마음이 여린 예술인들이 한 치 앞도 내다볼 수 없는 절망의 시대에 자기 목숨을 애국심과 맞바꾸지 않았다고 비난할 자격이 우리에게 있을까?

그들을 친일파라고 역사의 이름으로 처단한다면 한말의 친러파, 친청파는 왜 가만두는가. 또 현대에 들어서 나타나고 있는 친미파, 친중파는 왜 가만두는가. 이렇게 따진다면 이당 저당을 옮겨 다니는 철새 정치인들은 왜 가만두는가. 변절자로 처단해야 하는 것이 아닌가. 물론 일제 강점기와는 상황이 다르겠지만.

나 자신은 진정 위대한 애국자로서 오로지 국가 민족의 백년대계만을 위해, 하늘을 우러러 한 점 부끄러움 없이 살아왔던가? 나는 자신이 없다. 25년의 청춘을 군문에 바치고 퇴직 후에도 교육 분야에서 일하며 살아가고 있지만 나는 대나무가 못된다. 아니 얼어 죽은 대나무인 지도 모른다.

나 개인을 중심으로 생각해서 비난받을지 모르겠다만, 우리 기성세대는 크기와 무게만 다를 뿐 모두가 죄인이 아닐까 싶다.

지난겨울에 많은 대나무들이 혹한에 얼어 죽었지만 뿌리까지 얼어 죽지는 않았다. 새봄에 그 뿌리가 다시 일어나, 죽어 넘어진 부모 세대를 거름 삼아 잘 자랄 것이다. 우리들 인간도 자주 넘어져 울고불고하지만 또 일어나 제 길을 간다.

얼어 죽은 대나무 숲이 밉고 보기 흉하다고 태워버린다면, 그 아래 피어오르고 있는 새싹마저 죽고 만다. 사는 동안, 특히 신혼살림을 시작하고 3년 동안은 많은 어려움이 있을 것이다. 그러니 이것만은 기억하거라. 너도 대나무가 아니듯이 네 신랑도 대나무가 아니다. 하나의 작은 숲에 사는 나무일 뿐이지. 그 나무 두 그루가 모여 아름다운 정원을 만들고 나중에 큰 숲을 만들 생각으로 역사를 이어나갔으면 좋겠다.

남성들은 여성의 사회 참여 조건을 마련하라

사랑하는 딸아!

이 글은 네 신랑 될 남자에게 읽혔으면 한다.

한국에서 여성은 인구의 반을 차지하지만 아직까지 구속과 제약에서 벗어나지 못하고 있다. 그 결과 여성들의 사회 참여가 저지당하고, 능력 있는 인물들이 사장死藏되고, 꿈을 가지고 노력하던 숱한 여성들이 날개를 접는 비극을 도처에서 볼 수 있지. 네 선배들 중에도 그런 사람들이 있는 줄 안다. 우리는 언제까지 사회활동에서 성차별을 지속할 것인가, 정말 모두 반성해야 할 일이다.

지금은 감성feeling의 시대요. 여성적인 가치가 세계의 비극을 잠재울 수 있는 시대라고 주장하면서도 막상 여성들의 활동에 대해서는 수많은 제약이 가해지고 있고, 활동 무대 역시 넓지 못한 것이 현실이 아닌가 말이다.

우리는 평등사회에서 살았던 민족이다. 북방에서 온 유목족인 천신족天神族의 하나인 환웅족과 이땅에서 농경 문명을 이룬 지신족地神族인 호족과 웅녀족이 만나 이룩한 배달국과 그 후손이 만든 단군조선은 남녀평등의 사회였던 것으로 알려지고 있다.

심지어 만주 동가강混江 유역에 고구려를 세운 고주몽조차 졸본땅의 여걸 소서노召西奴의 도움으로 고구려를 창업하지 않았던가. 또 삼국시대인 신라 후기까지만 해도 선덕, 진덕, 진성여왕 등이 등극하여 나라를 다스리는 남녀평등의 사회였고, 고려조에도 여성들은 자유분방한 삶을 살았다. 그러다가 성리학의 폐풍 때문에 조선조 500년 동안 여성은 핍박 속에 지냈고, 그 유습이 오늘날까지 이어져 내려오고 있는 것이다.

사람의 가치가 남녀 간에 차이가 없다면 그 능력 또한 비슷할 것이고, 그에 따라 능력 발휘의 기회도 똑같이 보장되어야 한다는 점을 모를 사람이 없다. 그럼에도 불구하고 우리 사회는 이상하게도 여성을 차별하니 그것은 비정상임이 분명하다.

여성도 남성과 똑같은 사회활동의 주체이다. 따라서 다양한 사회활동에 참여할 기회가 주어져야 한다. 치맛바람이니 뭐니 비난하면서 주부들을 가사에 붙잡아두려는 처사는 남성이기주의에 다름 아니다. 우리가 비싼 돈과 많은 시간을 투자하여 딸들을 가르치는 것은 그녀들이 사회에서 큰 역할을 해주기를 바라는 뜻이 아니던가. 그렇게 가르친 딸이 결혼한 후에는 오로지 가정이라는 울타리에 안주하라는 것은 비인간적, 비인격적인 처사라고 밖에 할 수 없다. 물론 육아의 중요성을 간과해서는 안 될 일이지만. 이제 여성들에게도 남성들과 똑같은 기회와 역할이 주어질 수 있도록 남성들은 여성과 대등한 경쟁을 해야 하고, 가정에서의 가사 분담을 당연시해야 한다. 그리고 기혼 여성이 활동할 수 있도록 탁아 문제를 국가적인 정책으로 재검토해야 할 것이다. 모든 경영에서 가장 나쁜 것은 자원을 사장시키는 일이다. 이런 점에서 여성 인력을 사장시키는 것은 비효율적인 일이다.

자녀들도 어머니나 누나의 사회활동에 대해 이해하고 동참하여 여건을 마련해 주는 노력을 함께 전개해 나가야 한다. '엄마'라고 한평생 아들딸 남편 뒤치다꺼리나 하라는 법이 어디 있는가. '엄마'와 '아내'에게 가족을 위한 순교를 강요해서는 안 된다. 그것은 개인이나 사회 국가적으로 큰 자원 낭비요, 여성에 대한 또 다른 핍박이기 때문이다.

세상의 남편들이여, 아내를 사랑하거든 아내가 즐겁게 일을 할 시간과 여건을 만들어 주라.

어느 증권 맨의 '3대 보물'을 소개하며

사랑하는 딸아!

어제는 지방 강연차 내려가는 버스 안에서 참으로 유익한 방송을 들었다.

「KBS 아침마당 인생수첩」이라는 프로그램인데, 5년 전에 너와 내가 나갔던 프로여서 친근하기도 하여 유심히 지켜보았단다. 그날 방송에 나온 분은 'H대투증권' 부사장으로 있는 김영익씨였다.

그는 유명한 증권 애널리스트로 이름을 날리는 분인데, 증권이나 주식엔 문외한인 나였지만 그가 살아온 길이 나와 비슷하여 더 호감이

갔다. 그는 가난한 가정 사정 때문에 중고등학교를 검정고시로 나온 뒤 지방 대학을 졸업하고 증권회사에 뛰어들어 오늘의 성공을 일궈낸 입지전적인 인물이었다. 성실한 태도와 거짓 없는 직업의식이 많은 투자자들의 호감을 사고, 그 결과 그가 내놓은 분석이 70%의 적중률을 낸다고 하니 대단한 실력가라는 생각이 들었다.

그런데 그가 방송 중에 내놓은 '3대 보물'이 내 가슴을 울렸단다.

세 개의 보물 박스에서 꺼낸 보물이 뭔지 알겠니? 그의 50년 인생을 평가할 수 있는 물건이었단다.

그 첫째는 몽당연필이었다. 아주 작은 몽당연필을 볼펜 자루에 끼어 사용하던 시절, 공부하고 싶어 미치던 그 시절을 상기시켜 주는 물건이었다. 지금이야 연필이나 볼펜을 한 주먹씩 가지고 다니지만 지금으로부터 40년 전에 새 연필 한 자루는 가난한 학생에게는 금방망이 같은 존재였단다. 그는 지금도 그때의 향학열을 안고 공부하면서 성장하고 있었다.

두 번째 보물은 상한 사과였다. 물러터지고 흠이 간 사과 두 개가 그에겐 최고의 보약이었던 것이다. 아버지가 경제력을 잃고 나서 사과 장사를 하시던 어머니는 저녁이면 팔고 남은 험한 사과를 집에 가지고 들어와 아들에게 먹였단다. 그 험한 사과를 먹으며 아들은 이를 악물고 공부했단다. 그 장면에서 난 눈시울을 붉혔다. 돌아가신 네 할머니는 부둣가에서 일꾼들에게 팔다 남은 고구마를 가져와 자식들에게 먹이셨고, 할아버지는 팔다 남아 굳어버린 풀빵을 모아 자식들에게 먹이셨거든. 차디찬 고구마와 딱딱하게 굳은 풀빵을 먹으면서도 우리 형제들은 아무 불평도 없었지.

셋째 보물은 고객들이 보낸 편지 뭉치였다. 성실하게 일하는 그의 열성과 조언에 감동한 고객들이 보내준 편지를 그는 곱게 보관하고 있었다. 요즘 같은 이메일 시대에도 편지지에 또박또박 글을 써서 보내는 고객들의 감사 편지, 그것도 80대에서부터 20대까지 세대를 초월하여 고객을 왕처럼 모시는 그의 태도에 나는 감동했다.

머지않아 직장을 얻을 딸아!

투철한 프로의식과 평생 직업관은 직장생활에 있어서 성패를 좌우하는 가장 소중한 가치란다. 그것은 인간에 대한 진정한 사랑에서부터 시작되지. 지식이 높고 기술이 뛰어나다고 해서 반드시 직장에서 성공하는 것은 아니란다. 그보다는 따뜻한 인간애가 더 중요하다. 직장이나 직업은 결국 사람들이 모여서 만든 조직이고 또 거래이기 때문이다. 너는 앞으로 취업을 하거든 물건을 팔려고 하지 말고 네 인품을 팔도록 해라. 어떤 사람이든 네 부모처럼, 형제처럼 아니 애인처럼 대하거라. 그러면 너는 직장에서 성공한다. 아니 자아실현으로 한 걸음 더 다가갈 수 있단다.

Before Wedding

4. 비전의 장

여성에게 불리하게 구성돼 있는 사회제도, 남성위주의 가치관과 생활패턴 속에서 여성의 삶은 몇 배 더 힘이 드는 것이 현실이다. 그러나 언제까지 남을 탓할 수만은 없다. 힘들수록 일어서서 길을 걸어야 목적지에 다다른다. 내 안에 잠자고 있는 에너지를 깨워 희망의 길, 비전의 숲을 만들자.

여성으로서의 삶의 질과 품격

1. 가사불이家社不二의 철학을 가져라

어떤 어려움이 있더라도 '희망의 끈'을 놓지 마라

사랑하는 딸아!

너에게 벌써 여러 번 글을 썼다만 아버지가 직접 말해 주지 않아도 내 블로그에 들어와 읽고 있을 줄 안다. 부모 자식 간에 가지는 원초적인 이끎이 그것을 확인해 주는구나. 그래, 넌 참 인내심이 강하고 아이디어를 찾아내는데 탁월한 재주를 지녔다. 그런데 한 가지 흠이라면, 작은 실패나 충격에 쉬이 좌절하거나 잘 운다는 점이다. 그리고 지독한 내핍 생활 때문에 건강을 해치는 줄도 모른 채 구두쇠로 살고 있다는 점이다. 물론 가난한 유학생으로 그럴 수밖에 없겠지만 그래도 너무 찌들면 사람이 더 약해진단다. 이 두 가지만 고쳐 달라고 말하고 싶다.

지난번 언제던가, 넌 나에게 남들처럼 쉽게 공부하고 성공하지 못해서 미안하다고 말한 일이 있지. 또 남의 집 자식들은 일찍 취직해서 돈 벌어 부모 봉양하는데 30이 넘도록 공부한다고 늙은 부모에게 폐만 끼친다며 조용히 운 일이 있지.

아니다. 그리 생각하지 말거라. 나와 네 엄마는 네가 참으로 대견하고 자랑스럽단다. 또 부모가 자식에게 물려줄 유산이 없으니 공부라도 시켜야 한다는 우리 부부의 생각을 네가 잘 헤아려 주길 바란다. 이제 머지않아 박사학위를 취득하겠지. 그러면 네 인생의 여정도 이제까지보다는 훨씬 나은 방향으로 나아갈 것이다. 그러니 현재의 어려움을 이겨 내어라. 석양을 보고 나서 곧 태양이 사라질 것처럼 울지 마라. 내일 아침 태양은 더 크고 아름답고 힘차게 솟아오른단다. 살다보면 절망에 빠질 때가 한두 번이 아닐 게다. 돈 때문에, 인간관계 때문에, 이상한 모함 때문에 뜻하지 않은 위기에 내몰려 그만 생을 청산하고픈 유혹까지 받게 되는 때도 있단다.

아버지도 엄마도 그랬다. 하지만 그때마다 '이 정도의 어려움도 이겨내지 못하면 무슨 큰일을 해낼까. 아들딸들이 나약한 부모에게서 무엇을 배울까. 내가 무너지면 가정은 어찌 될 것인가.' 하는 마음으로 오뚝이처럼 다시 일어나곤 했단다. 그러니 너는 어떤 어려움이 닥치더라도 희망의 끈을 놓지 마라. 그 끈을 놓는 순간 고통은 쓰나미처럼 더 크고 강하게 몰려와 순식간에 너와 네 가정을 덮쳐버리고 만단다. 호랑이에게 물려가도 정신만 차리면 산다는 말은 격언에 그치는 것이 아니다. 살다보면 참으로 수많은 호랑이와 승냥이, 사자, 뱀과 악어들이 판을 치고, 심지어 하이에나까지 달려드는 것이 삶이라는 정글이다.

너는 똑똑히 보았을 게다. 네 아버지와 엄마가 IMF 당시 돈 때문에 울부짖으며 집을 비워주고 물러나는 것을…. 하지만 우리 부부는 절망하지 않았다. 아니 희망의 끈을 절대로 놓지 않고, 더 강하게 잡았다. 그 결과 우린 다시 일어섰다. 또 하나, 작은 실망과 자책이 절망의 파도를 만들지 않도록 스스로를 자주 잡아채며 정신을 바짝 차리고 살길 바란다. 희망은 절망 속에서 더 크게 빛을 발하는 법, 힘들 땐 도리어 '하늘의 시험'으로 알고 고맙게 생각하거라.

한 해에 52번 결심하는 방법 : 매주 단위로 설계하고 살아라

사랑하는 딸아!

나이가 들어도 수많은 실수 속에서 살아가니, 사람이란 불완전한 생명체라는 생각이 든다. 따라서 노인이라고 하여 젊은이들을 무조건 혼내려 들거나 윽박질러서는 안 된다는 것이 최근 나의 생각이다.

젊은 너희들이 더 성숙한 어른이 되려면 자주 자신을 돌아보며 반성하고, 더 나은 내일을 위한 삶의 설계에 몰두해야 한다.

일삼성日三省이라, 사람은 하루에 세 번 반성해야 사람답게 살 수 있다는 공자孔子의 말도 있듯이 반성은 자주 해야 할 일이다. 그런데 반성만 하고, '아무래도 난 바보인가 봐.' 하고 주눅이 들어 있다면 무슨 소용이랴.

반성은 곧 미래를 위한 피드백이라는 사실을 알아야 하지. 그래서 한 가지 너에게 부탁할 것이 있다. 그것은 삶 전체를 다 뒤적이며 설계하느라 애쓰기보다는 새로 시작하는 월요일에 그 주의 삶을 설계해 보면 어떻겠느냐는 것이다. 일주일씩 삶을 설계하고 실천하면 한 주의 삶이 알차게 되고, 그런 일주들이 모인 52주, 즉 1년이 알찬 삶이 안 되겠느냐는 말이다.

생각이 깊은 딸아!

넌 시간 사용 계획이란 말을 들었을 게다. 그 말을 듣는 순간 상당한 부담을 느끼게 되지. 마치 시간을 잘 사용하지 못하는 것이 아닌가 하는 강박관념에 빠지는 수도 있다는 말이다. 그래서 아버지가 실천하고 있는 '주 단위 시간 계획'을 한번 사용해 보라고 권한다. 이렇게 주 단위로 생활을 설계하다 보면 1년에 적어도 50회 반성하고, 50회 정도 삶의 설계를 할 수 있지 않겠니?

1년을 주 단위로 나누어 놓은 것은 참으로 다행하고 지혜로운 시간 설계도라고 생각한다. 어찌 되었던 주 단위 삶의 설계와 운용을 통해 아버지는 나름대로 좋은 효과를 보고 있단다.

한번 깊이 생각해 보렴.

어머니의 강한 리더십이 자녀의 미래를 열어준다

친구들과 잘 지내는 딸아!

아버지는 나이가 들어가면서 할머니를 생각하는 일이 많아졌단다.

그 이유가 뭘까. 처음에는 할아버지보다는 할머니가 20여 년 더 내 곁에 계셨기 때문일 것이라고 생각했었다. 하지만 그보다는 우리 집의 주도권, 특히 아이 교육의 주도권을 내 어머니가 쥐고 계셨기 때문이라는 결론을 얻었다.

너도 기억하지? 네 할머니가 조금은 무서웠다는 것을.

그래, 우리 10남매에게 어머니는 카리스마 넘치는 여황제였다.

어머니 앞에서는 정말 찍소리 한번 내지 못할 정도로 우리 어머니는 여장부요, 교육자요, 실용주의 경영인이었다. 이러다 보니 아버지가 상대적으로 왜소해 보인 것은 사실이다. 그 이유 역시 돈을 벌어오는 능력의 미흡 때문이었다는 것을 우리 형제들은 일찌감치 파악했었지.

아무튼 어머니는 우리 집안에서는 시어머니조차 함부로 하지 못할, 드센 카리스마로 열세 식구를 건사하는 초능력을 발휘하였다. 그렇다고 시어머니를 못 모신 것이 아니다.

1950년대 후반, 전쟁이 끝난 후 피폐해진 충청도 농촌을 벗어나 우리 집은 대이동을 단행했었다. 눈보라를 뚫고 남부여대하며 피난민처럼 도회지로 굴러들어 왔지만, 우리 집안의 재산이라곤 변두리의 작은 셋방 하나뿐이었단다. 전라북도 군산시 금동을 거쳐 경암동 산동네에서 우리 어머니 같은 드센 기상을 지닌 분이 아니었다면 우린 벌써 굶어 죽었거나, 살았다 해도 반 풍신으로 지내고 있을 것이다. 어머니는 흡사 싸움터에 나선 몽골 전사처럼 새끼들을 굶겨죽이지 않으려고 백방으로 뛰었다. 마치 전천후 요격기처럼 어떤 자연 조건도 불사하고 집을 나섰고, 돌아올 때는 뭔가를 머리에 이고 와 새끼들을 먹였다.

그런 한편으로는 가난을 물리칠 최고의 자산이 공부라는 철학을 일찍이 터득하여 아침을 굶은 자식들을 학교 가라고 내몰았다. "사람이 배고프다고 금방 죽지는 않는다. 더 배곯지 않으려거든 공부해라."라고 자식들 등짝에 채찍을 사정없이 내리쳤던 것이다.

그 결과 자식들은 눈을 떴다. 사람답게 사는 방법을 터득하였고, 돈의 소중함과 친구 간의 의리를 배웠다. 더 소중한 것은 신의 존재를 알고 겸손하게 살아가는 지혜를 조금씩 터득했다. 어머니의 '생철학'이 우리 형제들을 살린 것이다.

그런 탓인지 우리 형제들의 눈과 손과 가슴에는 지금도 어머니의 기상이 배어 있다. 어떤 어려움도 극복해 내고, 남을 위해 울 줄 알며, 신앙을 가지고, 하루도 허송세월하지 않고 배우며 익히며 단련하며 살아간다. 그런가 하면 말씨도 유머도 모두가 어머니의 입을 닮아 재미있는 형제들로 자랐다. 벌써 어머님 돌아가신 지 10년. 힘이 들 때마다 어머님의 그 강인한 모습을 떠올리면서 이를 악물었었다. 더 힘들 때면 조용히 사모곡을 불러본단다.

'삶의 질'을 높이는 10가지 방법은 무엇인가

인정이 많은 딸아!

사람은 누구나 질이 높은 삶을 살고 싶어 한단다. 가급적이면 건강하게 장수하되 남의 존경을 받으며 한세상을 성공적으로 살다 가고 싶은 것은 인지상정人之常情이지. 그런데 그것이 자기 뜻처럼 이루어지기 어렵다는 것이 우리를 더 힘들게 한다.

현 시대에 성공하는 사람이 얼마나 될까? 가면 갈수록 성공의 길은 좁고, 그 속도는 더디며, 이루는 사람은 드물다. 그래서 사람들은 성공보다는 지금 당장의 행복을 갈구하는지도 모르지. 작은 일에서 작은 행복을 만들어 그것을 모아 큰 행복의 탑을 쌓으려는 간절한 열망을 가진 것이 현대인들이다.

행복이 뭘까? 그것은 삶의 질이 높은 생활일 것이다. 그래서 삶의 질을 높일 수 있는 방법을 찾아 노력한다면 행복한 생활을 영위할 수 있을 것이 아니겠니? 사람이 행복하려면, 아니 질이 높은 삶을 살려면 무엇을 준비하고, 풀어나가야 하는 것일까? 내 생각을 정리해 본다.

(1) 지독한 경제적 곤궁에서는 벗어나야 한다. 가난은 사람을 겸손하게도 하지만 반대로 비굴하게도 하고, 자칫 잘못하면 몸과 마음을 병들게 만든다. 모든 물질적 가치를 초월한 상태가 아니라면 경제적 곤궁을 벗어나기 위해 힘써야 한다.

(2) 건강해야 한다. 몸이 아프면 행복할 수가 없다는 것은 두말할 필요도 없다. 다만 사람은 누구나 고질적인 병을 갖고 산다. 체질적으로 유전적으로, 그리고 삶이 어려운 탓에 얻은 후천병으로 인하여 조금씩은 아프다. 그것을 잘 다스릴 줄 아는 것도 건강을 지키는 지혜이다.

(3) 새로운 지식을 얻으려는 학습 노력이 뒤따라야 한다. 알면 알수록 괴로운 것이 인생이라지만 모르는 것보다는 아는 것이 훨씬 더 행복하다. 다만 그 앎과 더불어 인간적인 수양이 버금해야 지식의 가치가 더 빛을 발한다.

(4) 정보화 수준이 뒤를 받쳐줘야 한다. 말로는 정보화 사회니 디지털 사회니 하면서도 정작 아무것도 활용하지 못한다면 현대인으로서는 낙제점이다. 적어도 인터넷과 프레젠테이션 능력은 자유자재로 활용할 줄 알아야 한다.

(5) 직업직장이 있어야 하고, 그에 대해 가치를 부여하며 만족할 줄 알

아야 한다. 실직자가 행복할 수 없음은 물론이다. 그렇다고 목구멍이 포도청이라, 코를 꿰인 채 끌려다니는 직업을 가진 사람 역시 행복하지 못하다. 일을 즐기는 자세를 갖는 것이 중요하다.

(6) 교양과 예절을 갖춰야 질 높은 고상한 사람으로서 평가를 받고 스스로가 행복하다. 교양과 예절은 인간과 동물을 구별해 주는 아주 중요한 기준이다. 사람으로 살면서 인정을 받고 행복감을 느끼려면 교양과 예절을 연마해야 한다. 아무리 재산이 풍부해도 교양과 예절이 뒷받침해 주지 않으면 그는 남의 비웃음을 산다. 남의 비웃음 속에서 행복감을 맛볼 수는 없는 일이 아니겠니.

(7) 원만한 인간관계와 인맥이 필요하다. 사람 사회에서 사람을 모르고, 사람들과 어울리지 못하는 사람이 행복할 리가 없다. 더구나 인맥은 삭막한 현대 사회에서 가장 가까운 이웃들이 되어 외로움과 슬픔을 함께 하고, 어려움을 걱정해 주는 새로운 친척이며 형제와 같은 존재이다.

(8) 문화예술을 향유하고 창작할 수 있는 능력이 있어야 한다. 문화를 모르는 사람은 사람의 훈기를 잃은 로봇과 같은 존재이다. 문화예술은 인간의 영혼을 고상하게 만들고 행복감을 깊게 해주는 중요한 요소이다. 그 문화예술을 생활 속에서 향유할 줄 알고, 스스로 창작해낼 수 있는 능력을 갖추는 것은 삶의 질과 행복을 안내하는 비단길을 내 앞에 까는 일이다.

⑼ 이웃을 위한 봉사를 실천할 줄 알아야 한다. 남을 도울 줄 아는 사람은 이미 행복한 사람이며, 그의 삶은 이미 높은 수준에 올라 있다.

⑽ 미래 비전을 만들면서 가슴 울렁이고, 그것을 달성하려고 진지하게 죽을 때까지 노력하는 사람은 질이 높은 삶을 살아가게 된다. 비록 내일모레 이승을 하직하는 한이 있더라도 살아 있는 동안만큼은 꿈을 잃지 않고 노력하는 사람은 하루하루가 행복하다.

이상 10가지 이외에 종교와 신앙을 통하여 사람은 자기의 영성靈性에 큰 에너지를 얻어 삶의 전반에 걸쳐 생기를 되찾게 된다. 종교는 인간에게 용기를 주는 하늘의 음성이다.

지금, 여기서, 최선을 다하는 'Hentobe' 정신으로 살자

사랑하는 딸아!

우리는 행복이라는 가치를 찾아 일생을 헤맨다. 그 과정에 실패를 숱하게 겪지만, 또 한편으로는 크고 작은 행복을 맛보며 살아가는 것이 사람이다.

만일 사람의 일생이 불행과 실패로만 점철된다면 정말 살맛이 나지 않을 것이다. 대개의 경우 성공과 실패, 행복과 불행이 반반 정도로 우리들 생활에 녹아들어 있어 울고 웃으며 살게 만든다. 그런데 사람들은 성공과 행복, 기쁨과 만족의 경험보다는 그렇지 못한 쪽을 더 오래 기억하고 자주 되살리며 슬퍼하거나 가슴 아파한다. 성공을 향한 열정은 젊을수록 더 강렬하여 진취적인 태도를 갖고 삶을 개척한다. 반면에 나이가 들어갈수록 작은 성공에도 감사하고 그 안에서 행복을 느낀다.

자, 나의 일생을 성공과 행복으로 엮어내려면 어떤 준비가 필요할까. 준비 없는 성취가 없다는 것은 누구나 다 아는 사실, 다만 무엇을 어떻게 준비해야 하는가, 그것을 잘 아는 사람과 모르는 사람의 차이가 있을 뿐이다.

특히 젊은이들은 성공을 향해 일로 매진하고 있지만 시간이라는 재산을 제대로 활용할 줄을 모른다. 막연히 미래라는 것에 의미를 부여하려고 달려드는 경우가 많다.

그러나 생각해 보자. 과연 미래라는 것이 어디쯤에 서 있는 시간의 가로등을 말하는가. 사람마다 그 거리와 길이와 높이가 다를 것이다. 또 그 시간의 가로등이 나에게 반드시 행복의 불빛을 비추기 위해서 서 있는 것이라고 장담할 수도 없는 일이다. 열심히 가 보았더니 불 꺼진 가로등이었다던가, 아니면 전선이 채 걸리지 않은 말뚝에 불과한 기둥이었을 수도 있다. 아니면 나에게만 빛을 비춰주는 서치라이트가 아니라 사방을 비춰주는 광역 가로등일 수도 있다.

미래의 행복을 위해 젊은이가 할 수 있는 최선의 방법은 누구에게나 공평하게 주어진 하늘의 선물인 시간을 요긴하게 활용하는 일이다.

시간은 황금이 아니라 생명이다. 나의 일생은 시간과 공간의 교직으로 엮어져 있기 때문에 시간의 가치를 모르고, 시간의 생명성과 사랑성을 모르고서 미래를 운위한다는 것은 오만이요, 자기기만이 아니겠니. 시간을 최대한 행복의 방향으로 엮어 나가는 방법은 무엇인가. 그것은 지금, 여기서, 다 함께 힘을 모아 최선을 다하며 사는 것이다. 이것이 시간에 대한 예의이며 삶의 지혜이다. 내가 서 있는 현재라는 시간인 지금Now, 먼 곳이나 정처 없는 무방향이 아닌 내 삶의 그루터기가 있는 여기에서Here, 나 혼자 살아보겠다고 발버둥치는 것이 아니라 서로가 힘을 모아 함께 노력하고Together, 누구의 눈치를 보지 말고 최선을 다하여Do your best, 시간의 깊이를 채워나가는 길일 것이다. 이것을 줄여 '헨투비 정신Hentobe'이라 이름을 붙이고 싶다. 그렇게 한 60년을 살다 보면 삶의 지혜에 눈뜨게 된단다.

인생은 버퍼링buffering이다, 조급히 굴지 마라

참을성이 강한 딸아!

넌 인터넷 동영상을 열고 기다리는 시간이 매우 길게 느껴진 경험이 있을 것이다. 그렇다. 사진보다는 동영상을 보고 싶고, 활자보다는 실제 강의를 듣고 싶어 하는 것이 사람의 욕구이기 때문에 이제 동영상은 인터넷과 거의 동의어가 되다시피 하였지.

나 역시 동영상으로 영화감상이나 어학 공부, 스포츠, 뉴스 보도 보기를 즐긴다. 그런데 버퍼링이 심한 경우에는 짜증이 난다. 하지만 기다리면서 곰곰 생각하면 이 버퍼링 현상을 통해 삶의 철학 한 가닥을 건져 올릴 수가 있다고 본다.

첫째, 기다림의 미학이다. 아무리 바빠도 버퍼링이 100에 도달할 때까지 참고 기다려야 화면을 볼 수가 있다. 우리 삶에 있어서 조급증은 성공을 앞당기기보다는 실패를 가져올 확률이 크다는 점에서 큰 교훈을 준다.

둘째, 선택을 신중히 해야 한다. 인터넷에 수많은 동영상이 떠다니는 것처럼 우리의 삶 속에도 수많은 선택지가 난무한다. 제대로 선택하여 신중히 준비하고 노력하며 기다려야 성공의 문이 열린다.

셋째, 한번 선택한 것은 자주 바꾸지 마라. 버퍼링이 33쯤 가면 사람들은 망설이게 된다. 바꿔보고 싶은 강렬한 유혹에 빠진다. 직업이나 직장도 마찬가지이다. 하지만 내가 하는 일이 못마땅하더라도 견뎌내야 더 좋은 결말을 얻어낼 수가 있는 것이다.

넷째, 수많은 사람이 선택하는 경우, 당연히 버퍼링 속도가 느려질 수밖에 없다. 그럴 때는 재빨리 선택을 차선으로 바꾸거나 화면 자체를 바꾸어 선택의 우선순위를 조정하는 지혜도 필요하다. 삶에 있어서도 최고가 중요하지만 그것을 위해 무작정 시간을 낭비할 필요는 없다. 차선책을 강구하여 더 노력하면 좋은 결과를 얻을 수가 있는 것이다.

다섯째, 기다림 속에 창조적인 아이디어를 엮어 넣어라. 망연히 기다리지 말고 컴퓨터 옆에 비망록을 준비해 두고 생각나는 것을 낙서하라. 그러면 기다림이 지겹지가 않고, 더 나은 가치를 만들어낼 수가 있다. 인생도 마찬가지이다. 멍청하게 화면 띄워놓고 일을 벌여놓고 무작정 기다리는 것은 감나무 아래 입 벌리고 누워있는 것이나 같다.

인생은 버퍼링이다. 그러니 조급해한다고 성공이라는 화면이 금방 뜨는 것도 아니다. 그리고 그 화면을 남이 띄워주는 것이 아니라 내가 만들어 띄워야 한다.

자기가 만든 삶의 화면을 속도에 붙여서 하나씩 열어가는 것이 인생이다. 그 안에 무엇을 담을까. 어떤 순서로 담을까, 어떤 색조와 음악을, 어떤 톤의 목소리를 담을까. 그것은 콘텐츠를 만드는 사람의 자유이다. 자유와 버퍼링, 이 두 가지는 인생을 엮어가는 소중한 가치이며 나만의 방법이다.

2. 아줌마학 : 아날로그와 디지털의 조화

목련화는 엄마의 꽃이다

사랑하는 딸아!

오늘 아침 출근길에 집 앞에서 눈이 부신 목련꽃을 만났다.

우리 집 앞 빌라 담에 붙은 네 그루의 큰 목련화에 온통 꽃이 가득하였다. 숫제 뻥튀기 기계로 한방 날려 튀밥을 나무 위에 올려다 붙인 듯, 그렇게 크고 고운 꽃바구니는 처음 봤다.

겨울이 물러가기 무섭게 얼른 꽃부터 피운 목련화가 그렇게 고마울 수가 없구나. 추운 겨울 헤치고 온 봄 길잡이 목련화라더니. 모진 광풍 속에 힘들게 살아온 우리를 위해 희망의 꽃망울로 위로라도 해주려나 보다.

그렇다. 이 세상에 수많은 꽃이 있지만 나는 진달래와 개나리와 함께 목련화를 좋아한다.

산기슭에 붉게 핀 진달래는 서민의 애잔한 가슴을 달래주고, 개나리는 노오랗게 부황이 든 가난한 이들의 얼굴을 쓰다듬어 주고, 목련화는 크고 탐스럽게 피어 희망의 흰 떡바구니를 선사하는 구나.

자연에 핀 꽃을 보고도 먹을거리를 생각하는 아버지가 너무 먹는 것만 밝힌다고 비웃지는 않을 테지. 참으로 힘들었던 세월에 얼마나 겨울나기가 어려웠으면, 얼마나 겨우내 굶주렸으면 그랬겠니. 그리하여 어른들에게 봄꽃은 고단한 향수鄕愁요, 어머니의 때 절은 가슴이기도 하단다. 이제 목련화는 앞으로 일주일 동안 많은 이들의 눈가에 주름을 대신해 주고 표표히 떨어지겠지. 하지만 그 꽃이 지면 드디어 생명의 푸른 싹이 돋아날 테니, 그 아니 고맙고 반가우냐. 그래서 목련은 어머니의 꽃, 모화母花이다. 자신은 스러지면서 새 생명을 잉태하여 키우는 그런 어머니의 뜻을 목련화에서 배운다.

목련화 노래의 가사처럼, 그대처럼 순결하게, 그대처럼 강인하게, 오늘도 내일도 영원히 너와 나 모두 아름답게 살아가도록 하자꾸나.

네가 사는 동네에도 목련화가 피었으면 좋겠다.

너와 내가 함께 바라본다면 얼마나 좋겠니.

험한 세상, 내 가정 성공 경영의 6가지 지혜

사랑하는 내 딸아!

경영학에 가정 경영이라는 분야가 있는지 모르겠다.

사람은 가정에서 태어나 가정에서 생활하다가 가정에서 죽음을 맞이한다. 가정은 인생의 시작이며 마침표를 찍는 곳이라 가장 중요한 삶의 터이다. 또 가정은 결혼이라는 성스런 의식을 통하며 결성된 공동체이다. 우리는 항용 "가정이 원만해야 직장생활도 잘하게 되고 성공한다."라는 말을 많이 듣는다. 이처럼 가정은 우리 인생에 중요한 원초적 공동체이지.

우리는 왜 결혼하는가? 그것은 1차적으로 자손 번성이라는 신자연의 이법에 따르는 본능이다. 그런가 하면 사람이 그 부족함을 채우기 위해서 결혼한다. 아무리 많은 공부를 한 사람이라도 지식, 정보, 문화, 교양, 재산, 사회적 지위와 명성 등 헤아릴 수 없이 많은 삶의 가치를 혼자만의 힘으로는 만들어나가기 어렵기 때문에 배우자를 택하여 공동 삶을 이어나가고자 결혼하는 것이다. 따라서 우리는 결혼으로 만든 가정이라는 행복의 터전을 잘 가꿈으로써 자아실현에 큰 도움을 받을 수 있는 것이다.

너 역시 곧 가정을 이루어야 하기에 가정에 대해 말해 보고자 한다.

가정이란 부부, 자녀를 중심으로 한 1차 공동체이며 자녀 교육 면에 있어서는 무한 책임을 가진 인간 학교이기도 하다. 그런가 하면 부부가 지상에 만들 수 있는 천국이기도 하다. 하지만 가정을 천당으로 만드는가, 아니면 지옥으로 만드는가는 부부와 가족들의 노력 여하에 달려 있다. 가정을 천당으로 만들기 위한 몇 가지 아이디어를 제시해 본다.

(1) 자녀 교육에 성공하라

가정 경영에 있어서 부부 간의 '애정 경영'만큼 자녀 교육이 중요하다. 아무리 재산이 많고 명예가 높다 해도 자녀 교육에 실패한 부모는 가정 경영과 인생 실패자라고 해도 과언이 아니다. 고된 직장생활을 하면서 돈을 버는 것도 다 가족의 행복을 위한 것이 아닌가.

그런데 우리는 자녀 양육과 자녀 교육에 있어서 어떤 철학과 태도로 임하는가? 모든 부모에게 공통적인 것은 올바른 인간을 만들어 주려는 것. 미래 사회에 필요한 가치와 기술 즉 창의력, 인간관계 기술과 리더십, 그리고 직업적 전문성과 실력을 길러주는 것일 게다. 하지만 그런 기능적인 것 이전에 가정교육에서 다뤄야 할 분야가 다음과 같은 3대 영역이 있다. 갈수록 황폐해져 가는 아이들의 정신세계를 바라보면서 자녀 교육의 방향에 대해 진지하게 고민해야 할 시점에 이르렀기에 아버지의 가정교육 철학을 말해 준다.

첫째, 인성 지도(생활지도 포함)로서 ▶ 애국애족하는 마음과 태도 ▶ 효도와 어른 공경 ▶ 예절(의식주, 인사, 공공질서 등) ▶ 또래, 이웃과의 관계 ▶ 자연 사랑 ▶ 이성 교제 ▶ 종교생활 ▶ 취미생활 등을 들 수 있다.

둘째, 가정에서도 학습은 결코 소홀히 할 수 없는 분야이다. 부모의 학습 지도로서 ▶ 교과 내용에 대한 숙지 ▶ 참고서와 학습지를 다루는 요령과 부수적인 지식의 습득 ▶ 아동이 특히 잘하는 과목의 별도 지도 등을 부모가 해내야 한다. 학교와 학원, 학습지 교사에게만 맡기는 부모는 자녀 교육을 반 정도밖에 못해내는 부모이다.

셋째는 아이의 진로 지도이다. ▶장래의 희망과 소질의 파악 ▶상급 학교 진학을 위한 자녀와의 공동 노력 ▶아이에게 적합한 미래 직업의 탐색 ▶인생 설계 등 아이의 미래를 개척해 나가는 데 있어서 부모는 끊임없이 탐색하여 함께 개척해 나가도록 해줘야 한다.

요즘 아이들은 매우 영악하고 지적인 수준도 매우 높다. 그런 까닭에 공부하지 않는 부모들은 아이들로부터 '왕따' 당하게 된다. 지금은 '숙인熟人 시대'라고 한다. 지식·정보·문화·인성·직업 분야 등에서 자녀를 지도할 수 있는 실력과 용기와 기술을 갖춰야 한다. '부모가 잘 익어야 자녀의 미래도 익는다.'라는 말은 진리이다.

(2) 배우자를 사랑하라

부부가 사랑한다는 것은 지극히 당연한 일이다. 그런데도 사랑이 식어 파탄에 이르는 가정이 날이 갈수록 증가하고 있어 개인적으로나 사회적으로 큰 문제가 되고 있다.

우리나라 가정의 이혼율 증가는 가정 경영에 적신호가 나타났다는 증거이다. 사랑이라는 단어 안에는 이해와 용서와 희생이라는 개념이 함축되어 있다. 부부 간일지라도 서로의 개성과 인품을 존중하는 부부유별夫婦有別의 가치관을 가지고 서로 존중하는 풍토를 가꿔야 한다. 사랑한다는 것과 서로의 차이와 인격을 존중한다는 것은 결혼생활의 두 가지 정신 가치라 하겠다. 고로 진정으로 배우자를 사랑하거라.

(3) 고난은 가족이 함께 극복하라

살다 보면 많은 위기와 고난에 처할 수 있는 것이 인간 사회이다. 가정도 예외일 수는 없다. 그러나 그 고난과 어려움을 회피하려 해서는 안 된다. 사랑으로 뭉친 가족이 힘을 합쳐 노력한다면 어떤 외부의 지원보다 더 큰 용기와 힘이 나올 수 있다.

미국 야구의 전설적인 홈런왕 베이브 루드는 생애 통산 714개의 홈런을 쳤다. 그러나 그는 1,380개의 스트라이크 아웃을 당했다. 우리는 성공한 사람들의 뒤에 숨겨진 눈물과 고난을 잊는 경우가 많지만 그것은 잘못된 것이다. 가정 경영도 마찬가지여서 지금 행복한 가정생활을 하는 사람들은 대부분 많은 우여곡절과 어려움을 이겨낸 사람들이라는 것을 잊지 말아야 할 것이다.

(4) 가족끼리 화목하고 친인척을 잘 관리하라

가족은 사랑으로 만나 화목을 가치로 하여 영위되는 공동체이다. 따라서 전 가족이 화목하게 지내려고 노력해야 한다. 화목이란 그냥 앉아서 기다리면 오는 것이 아니고, 또 남이 거저 가져다주는 가치도 아니다. 가족들이 이해하며 양보하는 노력을 계속하고, 크고 작은 희생을 감내해야 얻을 수 있는 가치이다. 아울러 친척과 인척이라는 혈연 공동체를 가까이 해야 가정경영이 원만하게 이뤄질 수 있다.

여기서 본가와 처가에 대한 관계를 원만히 하기 위한 지혜를 생각해 보자. 가장 쉬운 방법은 남편은 처가 쪽을, 아내는 시가媤家 쪽을 잘 살피고 받들어 드리는 방법을 쓴다면 아주 화목한 분위기를 이어나갈 수가 있을 것이다. 지난날처럼 여성은 출가외인出嫁外人이라고 하여 처가를 멀리하는 것은 민주사회의 가정 경영 이념으로는 맞지 않는다.

(5) 가계家計를 잘 꾸려라

가정 경영에 있어서 핵심적인 것 중의 하나는 경제적인 자립이다. 개인이나 가정이 독립적인 지위를 튼튼히 하고 자아실현을 제대로 해 나가기 위해서는 경제적인 자립과 준비가 튼튼해야 한다. 아무리 똑똑하고 유능한 사람이라 할지라도 경제적인 자활 자립 능력이 없을 경우에는 의타적인 생활을 하기 쉽고 나아가 남으로부터 멸시와 천대를 당하기 쉽다.

가정을 경영함에 있어서 경제의 자립은 자녀 교육이나 친인척 관계는 물론 직장생활을 원만히 해 나가는데 중요한 토양이 된다는 점을 잊어서는 안 될 것이다.

(6) 부모에게 효도孝道하라

핵가족 시대로 불리는 현대라 할지라도 효도는 우리에게 숭고한 가치이다. 부모가 자녀와 함께 기거한다면 그보다 더 좋을 수가 없지만, 물리적인 공간이 가깝다고 해서 부모가 반드시 정신적인 만족을 느낀다고 볼 수는 없다. 반대로 멀리 떨어져 산다 해도 불효한 자식이라고도 할 수 없다. 문제는 거리가 아니라 마음이다. 한 집에 모시고 살면서 구박하는 자식보다 멀리 떨어져 계시지만 마음으로 극진히 모시는 자식의 효도가 더 살갑고 중요하다.

『소학小學』에 보면 '부모 섬기기는 물질과 정신 두 가지로 봉양해야 한다.' 라고 했다. 즉 더운밥을 해드린다고 해도 정성이 담겨야 한다는 말이다. 또 물질 위주보다는 작은 것이라도 정성을 담아 바치는 것이 더 소중하다는 얘기이다. 자고로 효는 내림 가치라 했다. 내가 부모에게 효도한 만큼 나중에 자식으로부터 효도를 받을 수 있다는 말이다.

TV뉴스 안에도 유용한 정보는 숨어 있다

사랑하는 딸아!

어떤 글에서 나는 멘토Mentor의 입장에서 멘티Mentee에게 주고 싶은 말로 "우리 주위에는 정보가 널려 있으니 항상 눈을 뜨고 다니라."라는 충고를 한 일이 있단다. 그 연장선상에서 오늘은 TV뉴스에 대한 얘기를 하나 하고자 한다.

우리는 TV뉴스를 대개 충격적인 뉴스나 가십거리 정도로 평가하고 대하는 경우가 많지. 그만큼 정보의 질이나 수준이 낮은 것으로 평가하는 도그마에 빠지곤 한다. 대개 정치·경제·사회의 현상과 동향에 대한 이야기이다 보니 그런 것 같다. 하지만 다른 데서 보고 듣기 어려운 정보가 나올 때가 있다.

나는 TV를 볼 때면 꼭 필기도구를 가까이에 두는 버릇이 있단다. 주요 지상파 방송도 그렇지만 케이블 TV나 상업 방송을 시청할 때도 마찬가지이다. 그 이유는 의외의 정보를 얻을 수 있다는 나름대로의 경험 때문이다. 어제저녁 SBS 8시 뉴스에서도 그 같은 경험이 나를 황홀하게 했다. 황홀하다는 말이 좀 지나친 표현인지 모르겠지만 항상 최신 통계에 목말라 있는 나로서는 작은 숫자 하나에도 신경을 곤두세울 수밖에 없기 때문이다.

이날 머리기사 형식을 빌은 뉴스의 주요 내용은 아래와 같다.

▶우리나라 수출액이 2006년 말 2,850억 달러, 수입액이 2,600억 달러이다. 흑자 규모는 250억 달러이다. 무역 규모가 5,450억 달러에 달하여 세계 12위이다. 그런데 수출은 잘되는데, 어째서 경기가 어려운가. 그것은 수출 증대가 고용으로 연결되지 않기 때문이다. 수출이 늘어나면 고용 증대-소득 증대-내수 증가로 이어지는 것이 보통인데, 우리 경제는 수출 증가가 고용 증대로 연결되지 못하는 데 문제가 있다. 그 이유는 국제 경쟁력이 치열한 가운데 고유가로 인하여 수출 단가가 낮아진 때문이다. 또한 전통 제

조업의 경우 10억 원의 생산 증대는 평균 7.8명의 고용 증대 효과가 있지만 우리는 IT산업 제품을 주로 수출하는 편이라, IT산업은 3.6명의 고용 증대밖에 못 올린다. 이 같은 문제점을 해결하기 위해서는 고품질의 우수한 상품을 개발하여 고가로 수출해야 하고, 이를 위해 '10대 성장 동력 산업'을 집중 육성해야 할 것이라는 보도였다. 약 2분 여의 짧은 뉴스 기사를 통해 나는 궁금증을 풀 수 있었고, 이러한 내용을 언젠가는 강의장에서 활용하기 위해 즉시 메모를 해두었다,

▶ 두 번째 보도는 '미국 아이들이 버릇없다.' 라는 분석형 보도였다. 「뉴욕타임즈」를 인용한 내용에 의하면, 미국 교사들은 요즘 학생들이 너무 버릇이 없어서 가르치기가 매우 어렵다고 한다. 그 이유는 돈 많이 벌어 잘살면 된다는 성공지상주의, 금전만능주의 때문이란다. 구체적으로 말하면 가정교육의 미흡, 아동 스트레스의 증가, 피로 누적, 이기주의적 인성, 무모한 경쟁이 근본적인 이유이다. 그 해법은 무엇인가. 엄격한 가정교육이 가장 중요하다는 지적이었다. 가정에서 인성과 사회성을 가르치는 기본 교육을 강화해야 아이들이 제대로 성장할 수 있다는 말이었다. 우리 사회 현실에 비추어 의미심장한 시사를 주는 기사였다.

위에 언급한 두 개의 기사는 일상적으로 우리가 흘려보내기 쉬운 TV뉴스가 얼마나 유용한 것인가를 생각게 해주는 사례로서 의미가

있다고 보아 소개한 것이다,

이처럼 TV뉴스 안에도 좋은 정보는 숨어 있는 것이니 잘 활용하기 바란다.

'아줌마학'을 개척하는 지혜를 터득하라

사랑하는 딸아!

사랑이란 사람을 용감하게 만들어주는 미약媚藥과 같은 것. 그 미약은 세월이 흐름에 따라 한결 더 성숙해져서 옥수수나 수수가 익어가는 것처럼 만물을 익히는 호르몬의 역할을 하여 인간 세상을 행복으로 충만하게 만든다. 애호박이 사랑을 머금고 자라 늙은 호박으로 바뀌듯이 그냥 그렇게 사람도 익어간단다. 그래서 여자가 성숙하면 좋은 아줌마가 된다.

남자도 마찬가지여서 총각이 신랑을 거쳐 아저씨로 변한다. 그러다가 종내에는 할아버지가 되는 것, 그것이 남자 인생의 순리란다. 허나 잘 익지 못한 남자는 참으로 구제 불능의 사내가 되고 마는데, 거기에 약 반 정도의 책임이 아내에게 있단다. 그래서 남자들은 여자를 잘 만나야 성공한다고 푸념들을 하지. 반대로 여자들은 여자 팔자는 뒤웅박 팔자라면서 남자 하나 잘 만나면 신세 훤해진다고 호들갑을 떨지.

아무튼 사람이 나이 들어가는 것을 늙는다고만 평가하지 말거라. 모든 과일을 보라. 늙기보다는 익어가지 않더냐. 그러니 나이 많은 분들을 보거든 노인네라고 선입견을 갖지 말고 '나보다 모든 부문에서 더 익은 어른'으로 공경하는 태도를 가져라.

젊은 여성이 제일 듣기 싫어하는 말이 아줌마라는 말이라고 하더구나. 그러나 나이 들면 여자는 누구나 아줌마가 되지. 아이를 낳던 안 낳던 간에 겉모습이 바뀌니 아줌마라고 불리지. 아줌마라는 말을 기피하지 마라. 아줌마는 성숙의 증표이고, 각박한 삶의 현장에서 점점 무기력해져 가는 남자들의 영역에 대체 세력으로 등장한 한국의 원더우먼이지.

"한국에는 세 종류의 사람이 있다. 그것은 남자와 여자, 그리고 아줌마라는 사람이다."라는 말이 있다. 그만큼 우리나라에서 아줌마의 힘은 막강하단다. 아직은 어리기만 한 네가 언제쯤 막강한 아줌마가 되는지 모르겠다.

다만 한 가지 소망이 있다면 아줌마의 근성에 여사女士라고 부름 받을 수 있는 교양을 갖춘 존재가 되었으면 한다. 그게 훨씬 고상하지 않을까 해서 해본 말이다.

나는 곧 아줌마가 되어 그냥 그렇게 잊히고 말 것이 아닌가, 이런 생각으로 미래를 두려워하지 마라.

성공하고 싶거든 기록하라, 그리고 보존하라

꼼꼼히 기록을 잘하는 딸아!

너의 기록하는 버릇은 아주 좋은 습관이고, 네가 살아가는 동안에 큰 자산이 될 것이다.

현대는 기록의 싸움이다. 그 기록이란 보다 빠르고 진보한 신기록이라는 의미도 있지만, 누가 더 정확하게 그 당시의 상황을 잘 적어 놓았는가 하는 데에도 중요한 의미가 있다. 기록은 곧 역사로서 어느 종류의 기록이든 다 소중하다. 이 모든 기록은 누군가 개인에 의해서 이루어지고, 역량이 뛰어난 사람이라면 더 좋은 기록을 남기게 된다.

사람의 기억 능력은 나이가 들어가면서, 또는 하는 일이 복잡 정교해지면서 한계를 보이기 마련이다. 따라서 기록을 통해 자기의 기억을 보완하고, 또한 후세에 남김으로써 개인과 조직, 더 나아가 국가 민족 역사의 바탕인 사료史料를 제공한다.

인류 역사를 보면 아주 하찮은 메모 내지 기록이 시대와 나라의 사료로써 중요한 역할을 하게 된다는 점을 발견하게 된다. 반대로 기록이 화근이 되어 집안이 망하는 멸문지화滅門之禍를 당한 기록도 보인다. 그래서 그런지 우리나라 사람들은 기록하는데 정성을 기울이는 편이 아니다. 반대로 일본인들은 메모광이라 할만치 메모와 기록을 잘하기로 유명하다. 심지어 추락하는 항공기 안에서도 당시의 상황을 메모로 남기는 사람까지 있을 만큼 기록하기를 좋아한다.

메모는 관찰을 기반으로 이루어진다. 한 예로 박물관에 가보면, 우리나라 사람들은 대충 건성으로 유물 유적들을 살펴보는데 반하여, 일본 관람객들은 꼼꼼히 기록을 읽어보고 메모하는 것을 발견하게 된다. 이러한 메모 습관에 비추어볼 때 일본이 빠른 속도로 선진국에 진입한 것은 결코 우연이 아니라고 생각한다.

메모는 매우 중요한 습관이다. 그 습관은 개인의 삶에 지대한 영향을 미친다. 심지어 억울한 일을 당하고 울부짖는 사람을 구해주는 소중한 자료의 기능을 하기도 한다.

지난 2001년에 경기도 화성의 바닷가에 있는 철제 컨테이너 숙소에서 큰 화재 사고가 난 일이 있다. 그 사고로 인하여 수십 명의 유치원 아동들이 화마火魔에 목숨을 잃었다. 이른바 '시랜드 화재 사고'이다. 여름방학에 서울과 경기도 일원에 있는 유치원 원아들이 갯벌 체험을 위해 바닷가를 찾아 남루한 시설에서 잠을 자다가 변을 당한 것이다. 컨테이너 시설을 숙소로 택한 어른들이 일차적으로 잘못이지만 그런 임시 건물을 연수원 숙소로 쓰도록 준공을 해준 공사 관계자와 공직자의 부정 비리가 더 큰 문제였다.

'설마, 철제 컨테이너인데 무슨 사고가 나겠나. 화재사고 같은 것은 더더군다나 날 리가 없지. 그리고 감독자인 선생님들이 함께 자는데…'

이런 안이함을 바탕에 깔고 사는 공직자들, 지방자치가 실시된 지 얼마 되지 않아 틈만 나면 뭐 챙길 것이 없을까, 혈안이 된 공직자들과 업자들에게 안전은 언제나 뒷전이었다. 그러나 '설마가 사람 잡는다'고 화재가 발생하여 많은 아이들이 불에 타죽는 대형 참사가 일어났다.

사회적으로 문제가 되는 대형사고가 터지면 경찰 수사의 칼끝은 해당 업무를 담당한 일선 공직자로 향하기 마련이다. 그때도 군청 사회복지과에 근무하는 모 계장(여직원)에게 일차적인 책임의 화살이 돌아갔다. 어째서 그런 시설을 연수원으로 허가를 내주었느냐는 득달이었다. 그러나 그녀는 일선 책임자로서 도저히 허가를 내줄 수 없다는 근거를 제시하며 과장과 군수에게 불가함을 진언했고, 그런 기록은 공문과 더불어 탁상일지에 소상하게 기록되어 있었다. 심지어 업자 측의 감언이설과 회유 협박, 금전과 뇌물 유혹 등에 이르기까지 그녀가 당한 유형무형의 모든 위협과 억압 사항이 낱낱이 기록되어 있었고, 결국 검찰조사에 증빙자료로 채택되었다. 드디어 그녀는 그 메모 덕분에 무죄로 방면되고 상급자들만 처벌당하였다. 만일 그녀가 상관의 지시에 따랐더라면, 그리고 지시에 불응했더라도 메모를 소상하게 남기지 않았더라면 필경 유죄로 구속되었을 것이 틀림없다. 이렇게 보면 우리 사회에서 부패 공직자들을 속아내는 작업을 이 메모가 대행할 날도 멀지 않은 것 같다.

메모는 개인에게는 소중한 기록이자 역사이지만 멀리 보면 '경쟁력의 영수증’과 같은 존재이다. 메모를 많이 하여 기록으로 잘 보존하는 사람은 스스로에게 영수증을 발행하는 것과 같다. 현대 직장에서 개인의 경쟁력은 여러 가지로 나타나지만 그것을 형성해 가는 노력의 일단으로서 메모는 매우 중요한 수단이 된다. 메모와 더불어 다이어리_{Diary}라 불리는 개인 기록 일지도 매우 중요한 기록물이다.

하루가 다르게 경쟁의 방법이 격변하고 있는 기업에서 사원들의 메모 습관 내지 메모력_{Memorandum power}은 중요한 경쟁력이 된다. 한 예로 사원들이 해외여행이나 출장 시 또는 개인 활동 시 남긴 기록을 한 군데로 모아 용해_{鎔解}하여 활용할 수 있다면 그 효과는 배가될 것이다. 정보의 공유는 생산성의 40% 순증_{純增}을 가져온다고 한다.

요즘 언론사 기자들은 블로그_{Blog}라는 개인 메모 사이트를 가지고 있어서 그곳에 자필 기사와 다양한 의견을 올려놓고 독자와 긴밀한 채널을 유지하는 것을 볼 수가 있다. 이것은 생각과 상상력을 키워야 살아갈 수 있는 기자들에게 중요한 메모장으로서, 아울러 독자들과 격의 없는 대화를 가능케 하여 큰 성과를 거두는 방법이 되고 있다. 또 모 그룹에서는 사원들의 제안서를 다양한 방법으로 받아 고과에 반영하고 즉시 포상하는 방법으로 사원들의 아이디어를 십분 활용하는 문화를 정착시켜 사원들의 제안서가 경쟁적으로 제출되어 많은 개선 효과를 낳기도 한다. 이는 개인의 메모를 바탕으로 하고 있음은 물론이다.

　나의 경우, 메모는 대단한 위력을 발휘한다. 책을 쓰는 기초 자료가 되기도 하고, 강의 내용의 줄기를 잡아가는 요긴한 자료가 되기도 한다. 또 사회생활을 함에 있어서 필수적인 많은 약속과 모임, 그리고 가족사는 물론 조직 운영에 있어서 요긴한 자료가 되었다. 아무리 좋은 생각이 떠올랐다 할지라도 그것을 메모해 놓지 않으면 금방 날아가 버리는 휘발성揮發性이 강하기 때문에 이를 습관으로 보완하여 큰 효과를 보고 있다.

　고 박정희 대통령의 메모 습관은 유명하다. 그는 잠자리에 들기 전에 항상 머리맡에 큰 용지와 굵은 사인펜을 놔두고 잠자다가도 생각이 나면 벌떡 일어나 메모를 했다고 한다. 그 메모들이 국정 운영에 좋은 아이디어로 작용을 했다고 한다. 사실 사람은 잠자리에 누워 잠들기 직전에 좋은 생각이 많이 떠오른다. 이것을 내일 아침에 잠이 깨는 즉시 메모하겠다고 생각하고 잠이 들면 다 잊어버리는 경험을 했을 것이다. 메모란 타이밍이 생명이다. 그리고 그 메모를 잘 보관하는 것 역시 기록 못지않게 중요한 일이다.

3. 생각의 옥양목에 다듬이질을 하라

나를 찾고 다스리기가 제일 어렵다

사랑하는 딸아!

'여태껏 살아오면서 가장 어려웠던 일이 뭐였더냐.' 라고 누가 묻는다면 나는 두말없이 '나를 다스리기' 라고 대답할 수밖에 없을 것 같다. 내가 뭐 대단한 위인이나 철인이라서가 아니라 그냥 한 사람의 성인으로서 생각해본 끝에 얻은 결론이다.

정말 '나'라는 존재는 내가 생각해도 잘 모르는 생명체이다. 또 다른 내가 나의 깊은 곳을 드려다 보면 더 생경生梗해 지고, 또 바보 같고, 아주 괴팍한 인간이다. 이대로 나를 모른 채, 아니 바보처럼 살다가 세상을 하직하면 어쩌나. 그것이 가장 두렵다.

돈과 재산, 명예와 사회적인 인정, 그리고 권력 등이 문제가 아니라 하나의 인간으로서 이 세상에 왔다가 가는데, 스스로 얼마나 만족감과 보람과 행복감을 가지고 살아가고 있는지….

오늘 하루를 보람 있게, 행복하게 살아야 한다는 것을 잘 알면서도 자꾸만 허덕이는 내 모습을 돌아보면서 '너도 별 수 없구나' 하는 생각이 들 때면 '이대로 세상을 조용히 떠나버리는 것이 낫지 않을까' 하는 이기적인 생각조차 든단다. 아버지도 그렇게 보면 '위기의 남자'이지.

가을이기 때문일까. 새벽에 겨울을 재촉하는 비가 내린 탓일까. 새벽잠을 설치고 일어나 하염없이 앉아있었기 때문일까.

살면 얼마나 산다고, 먹으면 얼마나 먹는다고, 걸치면 몇 겹이나 옷을 걸친다고 이리도 허덕이는가. 상념에 젖어 온 새벽을 하얗게 새고 말았구나. 그러나 한 가지 분명한 것은 생명은 존엄하다는 것이다. 나의 생명은 이 세상에서 가장 존엄한 가치이며, 또 내 몸을 잠시 빌려와 있을 뿐, 본질은 내 것이 아니라는 판단을 아버지는 존중한다.

아무리 세상이 허접하게 느껴져도, 세상이 나를 필요로 하지 않는 것 같이 느껴진대도, 살아있다는 것은 곧 생명이요, 생명이란 의무의 결정체가 아닌가. 나 자신만을 위한 권리에서 벗어나 남을 위한 삶을 살아야 한다는 의무….

그래, 그렇게 생각하자. 그것이 한 생명의 자기 발견이 아닐까? 여태껏 나를 위해 살았다면 이제부터는 이웃을 위해 살아간다면 새로운 삶의 가치를 발견할 수 있지 않을까 생각한다.

이 작은 깨우침의 벽돌 한 장을 찾기 위해 겨울의 문턱에서 뜬눈으로 한밤을 새웠나 보다. 그래, 아마 너도 나와 같은 상념에 젖을 때도 있겠지. 그럴 때 내가 얻은 결론을 너도 얻었으면 좋겠다. 단지 강요하는 것은 아니니 부담 갖지는 말아라.

적게 먹어야 건강하게 오래 산다

사랑하는 딸아!

너는 음식을 참 천천히도 먹지만, 먹는 양이 적어 영양 부족에 걸리지 않을까 늘 걱정이다. 물론 좋은 음식 많이 먹는다고 건강한 것은 아니다. 거친 음식이라도 맛있게, 기쁘게 먹으면 보약이니까.

오늘 아침, 나는 아주 작은 찐 고구마 두 개로 아침식사를 해결했다. 묵은 김치 두 줄기를 찢어 따끈한 고구마에 얹어 먹는 맛이 정말 일품, 아니 명품 식사였단다. 찐 고구마 두 개에서 얻는 행복이 이렇게 클 줄은 예전에는 몰랐던 사실이다. 맛좋은 고구마가 있고, 맛을 아는 내 입이 있으니 얼마나 행복한 일인가. 나이 들어가면서 다이어트에도 신경을 쓰는 셈이지만, 반드시 그 이유만은 아니다. 한 10여 년 전부터 식탐食貪이 줄어들기 시작한데다 많이 먹으면 속이 거북하고 자꾸 졸려서 일을 할 수가 없기 때문이다. 나도 젊은 시절에는 참 많이 먹었단다. 먹는 것이 남는 것이라고 생각하여 모임 같은 델 가면 과식하곤 했다. 아마 어렸을 때 많이 굶주린 반대급부였을 것이다.

그런데 결론부터 말하면 정말 먹는 것이 남는 것이었다. 뭐가 남았을까? 내 몸의 건강이 아니라 질병이 남았다. 얼굴이 누렇게 뜨고 40

대에 검은 버섯이 솟아나고 위와 명치가 아프고…. 아무튼 많이 먹은 결과 얻은 것은 반 건강 상태의 몸뿐이었다. 하여 쉰이 넘으면서부터 나는 절식을 시작했다. 가급적 덜 먹기 운동을 시작한 것이다. 내 배는 8할만 채우려고 애썼다. 나의 기준은 식사 후 손가락으로 배를 눌러 복부 전체가 말랑말랑해야 한다.

시쳇말로 먹고 죽은 귀신은 때깔도 좋다고들 말하지만, 그것은 식탐이 큰 사람들의 자기만족 혹은 핑계에 불과한 말이다. 적게 먹어 죽은 사람은 없다. 도리어 많이 먹어 죽는다. 과식으로 인하여 수많은 질병을 얻고 그로 인해 건강을 해치는 것이 현대 사회이다. 요즘 각 TV방송마다 저녁밥을 먹을 때쯤이면 온갖 먹을거리에 대한 프로가 진행된다. 일요일 아침에도 마찬가지이다. 전국을 돌면서 맛있는 집을 소개한다. 엊그제는 같은 가격에 무제한 서비스하는 집들을 소개했다. 사람들은 2, 3인분은 보통이고, 심지어 누군가는 10인분을 먹었다. 생각해보면 미련하기 짝이 없는 짓이다. 제 배위를 혹사하여 얻는 것이 무엇일까. 그게 자랑일까? 그렇게 먹다가는 얼마 안 가 큰 병을 얻게 된다는 것을 모를까? 심지어 필름이 끊길 때까지 뇌가 이상을 일으킨 상태까지 술을 마셨다고 자랑하는 사람들을 본다. 그렇게 제 몸을 혹사시키고 건강하기를 바란다면 바보짓이다.

집짐승을 보자. 동물들은 어느 정도 먹고 나면 먹을 것이 있어도 외면한다. 그런데 사람의 식욕은 한이 없다. 그 결과 먹은 음식을 토하기도 한다. 세상에, 어느 동물이 먹은 음식을 토해내던가. 참 인간이란 미련하기 한이 없는 동물이 아닌가 싶다.

식욕과 색욕은 인간이 쉽게 버릴 수 없는, 아니 본능적인 욕구이겠지만 그것을 어느 정도 자기 통제하라고 이성理性이라는 것이 있다. 감정과 행동만 있는 동물과 달리 이성을 가진 인간이라면 먹고 마시고 색을 탐하는 일에도 적절한 절제가 있어야 하지 않을까?

아버지의 반성을 실어 몇 자 적는다.

연잎은 비울 줄 아는 지혜를 가졌다

딸아! 서울 신촌 세브란스병원 뒤에 봉원사라는 절 알지?

일전에는 엄마랑 비오는 날 그곳엘 갔다. 작은 연못 안에 연잎이 있기에 유심히 바라보았지. 비가 내리면 맞고, 또 그대로 빗물을 끌어안고 있다가 가득 고이면 쏟아 내버리는 모습을 보면서 비울 줄 아는 지혜의 교과서를 읽는 기분이었단다.

언제가 법정 스님의 글 중에 읽었던 대목이 생각나 네게 소개한다.

빗방울이 연잎에 고이면
연잎은 한동안 물방울의 유동으로 일렁이다가
어느 만큼 고이면

수정처럼 투명한 물을 미련 없이 쏟아 버린다

그 물이 아래 연잎에 떨어지면
거기에서 또 일렁이다가
도르르 연못으로 비워 버린다.

이런 광경을 무심히 지켜보면서,
'연잎은 자신이 감당할 만한 무게만을 싣고 있다가
그 이상이 되면 비워 버리는구나' 하고
그 지혜에 감탄했었다.

그렇지 않고 욕심대로 받아들이면
마침내 잎이 찢기거나 줄기가 꺾이고 말 것이다.
세상사는 이치도 이와 마찬가지다.

-법정 스님 잠언집 中-

자연은 인류가 후손에게 남겨야 할 가장 소중한 자산

사랑하는 딸아!

오늘도 황사가 불어온다는 기상예보가 나왔구나.

해가 갈수록 더 황사가 심해지고 있어 외출하기가 겁이 난다. 특히 나처럼 목청으로 살아가는 강사는 한 번 외출했다 돌아오면 목을 많이 상한다.

자, 이런 말을 하면 눈치 빠른 너는 벌써 아버지가 무슨 말을 하려는 지 알았을 게다.

그래, 환경 문제이다.

우리가 후손에게 물려줄 자산이 점점 줄어드는데, 최고의 자산인 지구가 제일 큰 문제가 되고 있다. 병든 지구를 후손에게 물려주면서 건강하고 행복하게 살라고 말할 수는 없지 않겠니?

황사는 어디서 오는가. 몽골과 중국 서부 및 동북부의 사막에서부터 온다. 황사가 왜 생겼는가. 상식적인 말이지만 나무와 숲이 사라졌기 때문이다. 인간이 고기를 먹으려고 목축을 하면서, 그것도 방목을 하면서부터 숲이 사라지고 초지가 황폐해 지면서 땅이 건조해 지고 그 결과 사막이 늘어난 것이지. 그 황사 바람에 온갖 중금속이 실려 오니 한국인들은 더 죽을 맛이다.

이 점에서 몽골과 중국은 황사 제공 국가로서 크게 반성하고 하루

속히 숲을 재건해야 할 것이다. 문제는 두 나라가 가난하여 거대한 사막을 복구할 수가 없다는 점이다.

중국은 1978년에 가축 생산을 개인의 자유의사에 맡기면서 가축의 수가 급증했다. 게다가 고기를 먹는 양이 소득에 비례하여 급증하면서 방목 가축의 수가 증가했다.

미국과 중국의 소와 양염소의 숫자를 비교해 보면 중국이 가축 수를 줄여야 한다는 것을 알 수 있단다. 소는 미국이 9,700만 마리를 키우는데 중국은 1억 1,500만 마리를 키운다. 양염소은 미국이 900만 마리인데 중국은 무려 3억 6,600만 마리를 키운다고 한다.

이 많은 소와 양과 염소가 먹을 풀이 중국에는 태부족하다는 점이다. 그래서 곡물옥수수을 생산하여 소에게 먹여 기르는데 옥수수 농장을 넓히려면 또 다른 초지를 없애야 하는 악순환이 나올 수밖에 없다. 또 그 많은 가축이 마실 물도 갈수록 부족해진다.

소고기 1kg을 만드는데 드는 곡물은 무려 7kg, 닭고기 1kg에는 2kg의 곡물이 소요된다. 하여 소고기보다는 닭고기가 곡물 수요를 줄이고 나아가 초지를 보호하는 역할을 한다는 얘기이다. 사람들이 고기를 안 먹을 순 없으니 쇠고기보다는 닭고기를 먹는 것이 지구를 구하는 첩경이라는 얘기이다. 그런데 또 하나의 문제는 그린Green에너지를 얻기 위해 옥수수를 이용하여 기름을 짜느라 더 많은 곡물이 필요하게 되었다는 점이다. 고기를 먹고, 연료를 만들어 차량을 운행하느라 지구는 더 황폐해지고 있는 것이다.

자, 이래 가지고는 지구가 우리 후손들이 살 정상적인 혹성이 될 수가 있겠는가. 고기 먹는 양을 대폭 줄이고, 에너지는 석탄 석유 등의 화석연료에서 풍력과 태양광 에너지로 바꿔나가야 한다. 알면서도 차일피일 미루는 사이에 지구는 병들고 있다. 풍력은 무제한이라는 것, 고갈의 염려가 없고 전혀 무공해의 에너지라는 점에서 후손을 위해서 시급히 개발해야 할 에너지가 아닐까 싶다. 중국의 기업과 경영을 연구하는 너에게 참고가 될까 하여 적어 보았다.

모쪼록 역사의식을 갖는 학자로 성공하길 빈다.

삶이란 적당히 즐기는 것이 아니라 '나 자신을 삶는 일'이다

열심히 살려고 노력하는 딸아!

넌 삶이란 무엇이라고 생각하니?

지난 세월을 돌이켜보면 그냥 산다는 것, 착하게 열심히 산다는 것 이외에는 다른 생각을 해보지 않았기에 자문해본다.

그러다가 서너 차례 위기를 겪고나서야 느꼈다. 아니 깨달았다.

'삶이란 곧 나 자신을 삶는 것'이라는 것을.

치열하게 나 자신을 다그치며 살아가는 것, 정의롭게 진실하게 살아가는 것이 곧 삶이라는 것을 깨닫는데 어언 60년이 걸렸다.

되돌아보면 그 전에는 대강대강 살았다. 깜냥에는 제법 열심히 살았다고 뻐겼지만 사실은 반풍수처럼 살았다. 그렇게 살고 나서는 결과가 시원치 않다고 국가를 원망하고, 나보다 더 가진 사람들을 미워하고, 나를 알아주지 않는다고 남에게 투정을 부렸다.

하늘을 원망하고 조상을 원망하고, 주위를 타박하면서 나 자신은 아무 잘못도 없는 양 뻔뻔스럽게 말하고 행동했다. 한마디로 쉽게 사는 방법을 찾아보려고 오만가지 방법을 다 썼지만, 돌아보면 나 자신을 속인 것밖에 없다. 그 결과 더 고생을 하고, 덧없이 세월만 흘러보냈다.

세월에 울고 돈에 속은 것은 남 탓이 아니라 나 자신이 미욱했기 때문이다. 아니 치열하게 살지 못했기 때문이다. 말로는 프로 근성을 강조하면서 나는 아마추어로 세월을 흘려보냈다. 아마추어에게 세월만큼 잔인한 것은 없는데도 그것을 몰랐던 거야.

그러니 얻은 것은 알토란같은 수확이 아니라 부스러기 이삭줍기 소득뿐이었지.

나의 삶이 덜 삶은 것이라서 불량품이 된 것이다.

계란도 덜 삶으면 먹기 거북하고, 빨래도 덜 삶으면 때가 덜 가듯이 인생도 덜 치열하면 그럭저럭이 되고 만다.

이제 이순의 나이에야 철이 들었으니 앞으로 남은 세월은 치열하게 나를 삶아 내보자고 다짐해 본다. 죽어서 온전한 몸으로 흙 속에 묻히느니 차라리 살아 있는 동안에 내 살과 뼈가 다 타 없어질 때까지 유용한 가치 추구에 집중해 보자는 결심이지. 어차피 세월은 가고 몸은 늙는 것, 죽음에 임박하여 후회하지 않도록, 자식들에게 한을 남기지 않기 위해서도, 그리고 지난 삶에 대한 보상 차원에서라도 치열하게 나를 삶아보자고 다짐해 본단다.

삶이란 결국 나 자신을 삶는 일이니까.

얼굴 만들기 : 내 얼굴은 귀상貴相일까 빈상貧相일까

사랑하는 딸아!

얼굴은 그 사람의 모든 것을 말해 주는 거울이라고 한다. 더 본질적으로 생각해 보면 '얼굴'이란 그 사람의 '얼spirit'이 담긴 '깊은 굴deep hole' 이라는 말이 아닐까.

우리는 사람을 볼 때 먼저 그의 얼굴을 본다. 왜 그럴까? 그것은 그 사람을 가장 잘 표현하는 것이 얼굴이라고 생각하기 때문이리라. 그런데 얼굴의 어떤 곳을 보는가. 대개는 눈을 먼저 본다. 얼굴의 모양새와 피부색과 눈의 크기와 빛깔, 그리고 정감은 그 사람의 상相을 설명해 주고 첫 인상을 결정하게 한다.

사람의 상에는 귀상貴相 · 복상福相 · 평상平相 · 빈상貧相이 있다고 본다.

균형 잡힌 반듯한 얼굴, 깨끗한 피부에 맑고 빛나는 눈을 가진 얼굴은 귀티 나는 귀상으로 지도적인 반열에 오를 수 있는 상이다. 또 덕이 있고 복스럽게 두툼한 복상은 남의 호감을 사기가 쉽고 원만하여 살아가는데 지장이 없다. 그리고 평상 내지 범상凡相은 수더분한 자연의 모습을 지닌 얼굴로 남에게 피해를 주지 않고 평온하게 살아갈 수 있다.

반면에 좌우대칭이 안 맞아 어긋나거나 입 모양새나 눈코의 크기 등이 얼굴 형태와 부조화를 이루고, 피부가 검거나 터진 얼굴은 빈상貧相으로 복이 없는 상이라는 말이 있다. 또 눈빛이 탁한 사람도 빈상 축에 든다.

그러나 이러한 판단은 섣불리 내릴 문제는 아니라고 본다. 우연찮은 사고로 말미암아 상이 뒤틀릴 수도 있고, 유전적인 문제로 본인의 의사와는 무관하게 그런 얼굴을 가지고 있을 수 있기 때문이다.

우리는 남보다 잘난 사람이 되고자 공부하고 또 풍족하게 살기 위해 돈을 벌려고 애쓴다. 또 남에게 좋은 인상을 주려고 성형수술로 얼굴이나 몸을 고치기도 한다. 그런 노력이 얼마만큼의 효과를 나타내는 것도 사실이다.

하지만 맹자가 말한바 "모든 사람은 태어날 때는 선한 마음을 갖는다."라는 이치가 사람의 상에도 맞는다면 지나친 억측일까? 내 생각으로는 사람은 누구나 태어날 때는 모두 귀상이다. 다만 자라면서 환경과 교육 정도, 수양의 정도에 따라 얼굴이 다르게 변하는 것이 아닐까 한다.

우리가 통상 듣는바 "사람은 나이 40이 되면 제 얼굴에 책임을 지라."라는 링컨 대통령의 말은 얼굴의 모양을 말하는 것이라기보다는 자신의 삶과 운명에 대한 책임을 강조한 말이라고 생각한다.

우리는 자신의 얼굴이 모든 이에게 희망을 주는 얼굴이 되었으면 하고 바란다. 내 얼굴을 보고 누구나 좋은 생각을 갖고 희망을 떠올리며, 용기를 얻어 희망찬 나날을 살아갈 수 있기를 바란다. 그렇다면 '내 상相을 상上으로 만드는 방법'은 무엇일까. 내 생각으로는 '마음의 밭心田'을 기름지게 하는 일이 아닐까 한다. 일체유심조一體唯心造라는 말이 있듯이 모든 것은 마음 안에서 자란다. 그러므로 얼굴은 마음이 만들고, 마음은 생각이 만들어낸다.

따라서 생각을 곱게 하고 마음의 밭고랑에 맑은 영혼의 물을 가득 담아 흐르게 하며, 자연과 끊임없이 대화한다면 모두에게 희망의 빛을 발하는 얼굴이 되지 않을까? 사람의 얼굴은 4년마다 바뀔 수 있다고 하니, 비록 비호감 얼굴이라 할지라도 실망할 필요는 없다고 생각한다.

행운이란 노력하는 자에게 내미는 신의 손길이다

생각이 깊은 딸아!

사람들은 행운의 여신이 자신에게 찾아오기를 바란다. 또 언젠가는 반드시 찾아올 것이라고 믿으며 산다. 지금은 비록 힘들게 살지만 한

번 운이 터지는 날에 '두고 보자'고. 그때는 나를 미워하고 따돌리던 사람들에게 여봐란듯이 복수할 것이라고 생각한단다.

인생이란 소망과 노력과 행운, 이 셋이 어우러져야 뭔가를 이룰 수 있다고 말하지. 그리고 성공이라는 것도 다 운이 따라야 하는 것이라고, 하늘이 도와야 한다고, 때가 맞아야 하는 법이라고 자위하곤 하지. 사실 그 말이 틀린 것은 아니다. 다만 정도 문제이지. 그러나 모든 것을 운과 복에 의지한다면 그것은 내 인생을 남에게 맡기거나 자신의 실패를 남에게 책임 전가하는 소아적인 생각이 아니겠니.

어린 시절, 나는 네 잎 클로버를 찾기 위해 동무들과 온 들판을 헤맨 기억이 있다. 수많은 자운영 이파리 중에서 네 잎을 가진 클로버를 찾기란 여간 어려운 일이 아니다. 하지만 그것을 찾으려고 노력하면 언젠가는 찾아지더라. 또 유독 잘 찾아내는 아이들도 있고.

인생이라는 들판에도 네 잎 클로버가 있다.

한 사람의 생애 중에 어디쯤엔가는 네 잎 클로버라는 행운이 있다는 얘기지. 인생의 어느 구석엔가 있는 행운을 사람들은 찾으려고 하질 않고 찾아오기만을 기다리는 것이 문제야. 복은 절대로 굴러 오진 않아. 내가 복이 많은 사람이니까 가만히 있어도 뭔가 이루어질 거라는 생각은 착각이란다. 복이니 행운이니 하는 녀석은 사람이 스스로 다가가야 문을 열어준단다.

예를 들어, 밥을 먹고 싶다면 쌀을 씻어 솥에 안치고 불을 지펴 밥을 만들어야 하는 것처럼, 모든 일에는 수고로움이 뒤따르기 마련이라는 것, 우린 그것을 잘 알면서도 행운은 노력과는 무관하게 오는 것이라고 자위하려 들지. 하지만 행운이라는 여신은 기다리면 오는 것이 아니라 찾아나서야 한다. 아니 땀 흘려 노력해야 만날 수 있다.

행운이란 노력하는 자에게 찾아오는 신의 손길과 같은 것이라는 생각이 나이 들어갈수록 새록새록 솟아나는구나. 아마 잡지 못하고 떠나보낸 행운이 아쉬웠기 때문인가 보다.

외로움을 이겨내고 싶거든 자기와 대화하고 타협하라

고집이 센 딸아!

너는 나를 닮았는지 고집이 세지. 엄마는 늘 네 옹고집을 걱정한단다. 하지만 나는 아무 개성도 없이 물텅이처럼 사는 것보다는 백배 낫다고 생각한다.

아버지가 대단한 선비는 아니다만 내 몸과 마음을 닦는 일이것을 수기修己라 하자에는 게으르지 않았고, 그 때문인지 남에게서 손가락질 받으며 살진 않았다고 생각한다.

한 가지 흠이라면 돈 버는 재주가 없어서 네 엄마를 고생시키고, 또 너희 남매를 부잣집 아이들처럼 호강시키지 못했다는 점이지. 이제 이 순耳順의 나이를 넘기면서 나의 고집도 어지간히 무뎌진 것 같다.

귀를 열어 남의 이야기를 듣고, 남의 사정을 헤아린다는 것. 말처럼 쉬운 일이 아니란다. 허나 점차 남의 이야기를 듣는 데 익숙하다 보니 그게 다 공부더구나.

칭기즈칸은 무학無學인 자신이 몽골대제국의 칸khan이 된 것은 '귀를 열어 남으로부터 배운 덕분'이라고 말했다지. 나도 이제야 귀가 트이는 것 같아 조금 설렌다. 귀를 여니까 새로운 세상이 보이고, 좋은 사람들이 나타나고, 또 새 일거리가 생기더라.

한국 사회에서 나이 60이 넘으면 할 일이 없다고, 장년 실업과 노인 실업 문제를 걱정하는 소리들이 높지만 나는 생각을 달리한다. 우선 적게 말하고 귀부터 열면 일거리가 생긴다고 말이다. 나는 이것을 세상과의 타협의 제1조라고 생각한다. 어지간히 고집이 세었던 내가 이제야 세상사는 문리가 트인 것 같은 생각이 든다.

자신을 더 낮추고 남을 위하는 연습을 더 열심히 하거라. 스스로 낮아지면 남들이 나를 높여준다는 것, 체험을 통해서 배운 지혜이다. 그리고 자신과 타협하며 살아라. 타협 중에 가장 먼저 할 대상은 너 자신과의 타협이다. 그 다음이 남과의 타협이다.

인생에는 절대로 독불장군이란 없다. 어디까지나 상대성원리에 바탕을 두어야 살 수 있다. 네가 반드시 옳은 것이 아니다. 너의 생각과 판단이 다를 수도 있다. 네가 항상 기준이 될 수는 없다. 네가 변두리가 될 수도 있다. 네가 평균 이상이 아니라 평균 이하일 수도 있다.

그러니 귀를 열고, 남과 대화하고 타협하며 살거라. 대화와 타협은 너의 삶의 영역을 훨씬 넓혀주고 훈훈하게 해줄 것이다. 그러면 덜 외로운 세상을 맞이하게 될 것이다.

뱀이 허물을 벗는 이유는 살기 위해서이다

딸아! 여자들은 대부분 뱀을 싫어하지?

네 엄마도 TV에서 뱀이 나오면 외면하더구나. 그런데 최근에는 '1박 2일'이라는 TV프로에서 나오는 '뱀이다~' 노래를 따라 부르고 있으니. 참 알 수 없는 일이야.

아무튼, 뱀은 해마다 허물을 벗는다.

좋은 옷을 갈아입으려고 그런 것이 아니라 살기 위해서이다. 뱀이 허물을 벗지 못하면 그 안에서 죽고 만다. 허물이 많은 인간에게 뱀의 허물은 여러 가지를 생각게 한다. 한낱 미물에 불과한 뱀도 허물을 벗는데, 하물며 사람이 자기의 허물을 모른 체 한다면 그는 명을 잇지 못하고 곧 사망에 이를지도 모른다. 그래서 자주 자기의 허물을 돌아보고 반성하고 그 허물을 벗어내야 한다.

도대체 허물이란 무엇일까?

이제는 별 소용가치가 없는 '낡은 틀' 혹은 '과오過誤'를 말하지.

무섭게 변하는 세상의 흐름과 삶의 방식에 좇아 새롭게 자기를 세우는 것, 지난 잘못을 반성하고 새 출발을 모색하는 것이 허물을 벗는 일이 아니겠니.

사람은 누구나 허물을 지니고 있다. 허물이 없는 사람은 없다. 그래서 허물을 지닌 것은 사람의 본래 모습이다. 그 허물을 빨리 그리고 자주 벗어던지는 자는 허물이 생기지 않는다. 스스로 지닌 허물을 과감히 벗어버리는 용기와 결단을 가진 사람이라야 격변하는 세상에 호흡을 맞추며 산다. 변화와 혁신은 곧 내 스스로 낡은 허물을 과감히 벗어버리는 일이다.

그러므로 변화 혁신은 내가 살기 위한 최소한의 몸부림이라고 볼 수 있다. 남을 위해 허물을 벗는 뱀이 없듯이 나의 변화 혁신은 곧 나를 위한 것이다.

내가 지니고 있는 허물을 벗지 못하고 둘러쓰고 있다면 온 세포가 각질이 되어 사고 기능과 변화 추동력이 경직되어 죽은 몸이 된다.

이렇게 보면 변화 혁신이란 곧 내 생명이 달린 중요한 삶의 과정이다. 그러니 내 생명을 건강하게 오래 보전하려면 자주자주 허물을 벗을 일이다.

상추 모종을 잘못한 이야기

사랑하는 딸아!

서울에서 채소를 가꾼다는 것은 여간한 노력이 아니고는 불가능한 일이다. 지난봄에는 베란다에 작은 스티로폼 판 세 개를 마련하여 뒷산에서 부토腐土를 퍼다 담은 뒤 상추 모종 3,000원어치를 사다 심었다.

여름에 상추쌈을 해먹자며 부부가 2킬로미터나 걸어가 모종을 사들고 낑낑거리며 돌아와 심던 날, 우린 자연의 일부가 된 양 즐거웠단다.

그러나 흙에 거름이 없을까봐 비료를 사다 뿌린 뒤부터 비극은 시작되었다. 상추 모종은 하나 둘씩 시들어 죽어버리고, 흙 속에 있던 열 마리가 넘던 지렁이도 다 죽고 말았다.

이제 겨우 남은 모종은 단 세 포기, 그나마 힘들게 지친 모습으로 서 있다.

나의 과욕과 무지가 가녀린 상추 모종을 죽이고 흙의 천사인 지렁이를 죽게 만든 것이다. 가만 둬도 흙이 알아서 키워 줄 터인데 좀이 쑤셔 냅다 비료를 뿌리는 바람에 이런 참담한 생명 파괴의 비극을 낳았지 뭐니. 자연 파괴와 환경 재앙이 인간의 과욕에서 비롯된다는 말이 거짓이 아니라는 점을 불행하게도 내가 입증했구나. 참으로 우둔하고 미련하고 제 입만 생각하던 탓이라 상추 모종을 바라볼 때마다 속으로 사죄의 절을 한다.

다시는 생명을 가지고 장난치거나 과욕을 부리지 않으리라 맹세한다. 죽을 때까지 모든 생명을 사랑하겠다고 다짐한다.

아버지의 눈물을 본 적이 있는가

가을비가 스산하게 내리다가 그치고 나니 찬바람이 불기 시작한다. 하기야 입동이 지났으니 계절은 이제 겨울에 접어든 게지.

추위가 서서히 몰려오기 시작하면 내 몸은 이상하게도 50년 전으로 다시 돌아간다. 50년대에 시골은 참 추웠지. 그 추위 속에서 한뎃잠을 자다시피 하시며 10남매를 키우신 우리 아버지 어머니. 네가 지금 나와 네 엄마를 생각하는 것처럼 우리 형제들은 부모를 존경했고 사랑했단다.

지금은 한 무덤 안에 편히 누워 계신 부모님, 자식이 철들자 병을 얻어 돌아가시고 말아 아무것도 해드릴 것이 없으니 후회스러울 뿐….

자욕양이 친부대子欲養而 親不待라. 자식이 봉양하고자 해도 부모는 돌아가시고 계시지 않으니 이처럼 슬픈 일이 어디 있는가. 어릴 때는 가난을 물리치는 재주가 없는 부모가 원망스럽기도 했지만, 그 가난 때문에 내가 바르게 살아왔다는 생각이 세월이 흐를수록 깊어간단다.

그래, 사랑은 내리사랑이라고 했지. 부모에게 효도 못한 쓰라린 가슴을 지금은 자식과 손자들에게 향한다.

1950년대 후반, 전쟁의 상흔이 온 나라에 가득하던 암흑의 시절, 국민의 삶은 정말 고통스러웠다. 겨울이면 정말 한 끼니를 때우기가 여간 어렵지 않았단다.

우리 아버지는 한겨울이면 오동통하게 살이 오른 쥐를 잡아 불에 그슬려 그 고깃점을 자식들에게 먹이셨다. 그렇게 해서라도 자식들에게 단백질을 먹이고 싶으셨던 우리 아버지. 김이 모락모락 나는 뽀얀 쥐고기를 막소금에 찍어 자식들의 입에 넣어주시던 우리 아버지는 자식들을 열심히 먹이시며 아무 말이 없으셨다. 하지만 열두 살 내 눈에 비친 아버지의 눈에는 노을빛을 닮은 물기가 배어 있었다. 아버지는 속으로 울고 계셨던 것이다. 우리 형제들은 아버지가 잡아주신 쥐고기를 잘도 먹었다. 10남매 중 셋은 어릴 적에 죽었지만 나머지는 살아나 든든한 기둥이 되어 살아가고 있으니, 지하에 계신 아버님도 지금은 덜 서러우실 게다. 찬바람이 조금씩 어깨를 파고드는 저녁이 되면 나는 시장 골목 국밥집 앞에서 서성이는 어린 시절의 내 영혼을 만난다. 정말 배고팠던 그 시절에 어린 것들을 살리신 부모님의 은공이 산 같고 바다 같다.

가난은 죄악이 아니다. 그것은 죄짓지 아니하고 진실하게 살아갈 줄 아는 지혜를 안겨준 하늘의 사랑이요 섭리였음을 예순이 넘어서야 깨우친 우둔함이 죄스럽다.

'아버지! 아무 걱정 마시고 편히 쉬세요.'

'이다음에 뵐 때는 따끈한 국물과 안주를 들고 찾아뵐 게요.'

충청도 산골에 합장하여 누워 계신 부모님을 생각하면 비통함과 함께 더 큰 용기가 솟는단다. 아마 이것이 조상의 음덕陰德이 아닐까.

4. 내 영혼의 모닥불 : 몰입과 명상

인간은 두 가지의 즐거움으로 살아간다

딸아, 중국 상해에도 비가 자주 오겠지.

서울엔 봄비가 촉촉하게 내리고 있어 이 비로 봄가뭄은 면할 것 같다. 겨우내 추위에 지친 사람들, 저 비를 바라보며 좀 차분해지고 뭔가를 생각하겠지.

방배동 연구실 아래층 식당에서 조용히 점심을 먹으려던 나는 그만 정신이 산만해지고 말았단다. 식당에서 왁자지껄 떠드는 사람들 때문이다. 흡사 정글에서 먹이를 앞에 두고 으르렁대는 사자들 같아서 나는 식당의 소란함이 싫다.

식사는 생명을 연장하는 경건한 의식이니 만큼 조용히 감사하는 마음으로 먹는 것이 좋은데, 우리는 너무 떠들고 난잡하여 대개 식당 안이 무슨 장마당 같다.

사람은 뭔가를 먹어야만 살 수 있는 존재이다.

입으로는 밥을 먹고 물을 마시고, 눈으로는 인간사 많은 장면을 천연색으로 먹고물론 장인들은 심안心眼으로 본다고 하지, 귀로는 세상의 모든 소리를 먹는다.

코로는 세상의 냄새와 맑은 기운을 먹고, 가슴으로는 사랑을 먹는다. 또 한 가지, 눈과 가슴과 머리가 하나가 되어 먹는 것으로는 지식이 있구나. 그리고 구태여 먹는 것에 비유한다면 권세욕과 명예욕이 있지.

그래, 인간은 이런 것들을 먹고 산다. 단순히 입으로 들어가는 음식만으로 인간이 살 수 있는 것은 아니라는 것은 너도 잘 알 게다. 그런데 '먹는 것'을 잘 골라서 먹어야지 그렇지 않으면 병이 든다. 육체적인 질병과 함께 정신의영혼의 병이 든다.

아무려나 식도락食道樂은 생명 보전의 기본이니까, 잘 골라서 정성껏 먹어야 한다. 그런데 먹는 것과 똑같은 비중으로 배설의 쾌락이 있단다. 입으로 내뱉는 말이 그 하나이고, 눈으로 내보내는 빛의 배설이 그 둘이다. 눈으로도 인간은 배설을 한다. 사랑, 증오, 연민, 무시 등의 빛을 배설한단다. 그 빛에 따라 배설자의 인품이 달라지기 때문에 사람은 눈빛을 잘 다스릴 줄 알아야 한다. 힘없는 눈빛은 의기소침의 증표요, 날카로운 눈빛은 적대감의 표출이다. 맑은 호수와 같은 눈빛을 가진 사람을 보면 나는 황홀하다.

세 번째로는 배꼽 아래의 배설이 있다. 대소변이 그것이다. 아무리 잘 먹어도 뒤가 막히면 큰 병이 든다. 그래서 쾌변을 중시하여 변비가 큰 병이 되는 것이다. 그리고 또 하나, 생명과 사랑의 하머니가 만들어낸 성행위를 통한 배설이 있지.

이 배설은 정말 중요하다. 이 배설을 대소변을 보는 것쯤으로 생각한다면 큰 잘못이다. 왜냐하면 그것은 다른 배설과는 달리 생명 창조의 위대한, 유일한 배설이기 때문이다. 그래서 그것을 배설이라고 표현하지 않고 '창조의 의식'이라고 부르고 싶다.

신의 뜻, 자연의 법을 인간이 자연의 율법에 따라 경건하게 수행하는 것, 그것이 바로 남녀 간의 성행위란다. 그래서 우리 조상들은 부부합방일까지 택일했단다. 번개나 폭풍우가 몰아치는 날, 궂은 날이나 그믐날에는 합방을 삼갔지. 그런 불순한 일기는 사람의 몸에 나쁜 기운이 들어가 병을 얻거나 잘못된 자손을 얻기 쉽다는 판단 때문이었단다. 아무튼 먹는 것과 배설, 이 두 가지의 쾌락을 통해 인간은 생존하고 번성한다.

이 두 가지 중에서 무엇이 더 중요하고, 앞선 것인지 그 순서를 정할 수는 없지만 결혼하려는 청춘 남녀들에게는 성에 관한 묵상이 중요한 테제가 아닐까 한다. 비 내리는 창밖을 내다보며 비의 생명성을 생각하다가 너에게 이 글을 보낸다. 부디 건강을 잘 챙기기 바란다.

족함을 아는 사람이 행복하다 知足者富

사랑하는 딸아! 추운 겨울을 어떻게 보내고 있니?

밤새 함박눈이 내렸구나. 아니, 어제 오후부터 눈이 내렸다고 한다.

그것도 모르고 컴퓨터에 매달려 꼬박 하루를 보내고 나서야 바깥을 내다보니 세상은 온통 백설기였다. 금방 김이 모락모락 피어오를 것 같은 백설기 떡.

어릴 적 시골에서 살 때는 밤에 눈이 내릴 때면 창호지 바른 문 너머로 밤새 사그락거리는 소리를 들을 수 있었는데, 도회지의 시커먼 골목에서는 가끔씩 자동차의 괴물 같은 울음소리만 들릴 뿐, 눈 내리는 소리를 들을 수 없어 안타깝다.

해 질 녘에 박인수 교수가 서예작품 하나를 표구하여 들고 왔더구나. 아직 나이도 40줄인 사람이 어찌 이런 선물을 할 생각을 했을까, 내가 부끄러웠다.

예당禮堂이라는 호를 쓰시는 원로 서예가가 내 이름을 한쪽에 적어서 친히 주신 글인데, 지족자부知足者富라는 문구 옆에 을유 입동乙酉立冬이라고 썼다. 그 후배가 나를 잘 관찰한 냄새가 글귀에서 진하게 스며 나온다. 내가 하도 허덕이는 것 같아서 그런 것이려니 생각하니 스스로 부끄러워진다.

'족함을 아는 사람은 풍요로운 삶을 산다.'라는 뜻일 게다. 그것은 아무리 풍요로워도 족함을 모르고 허덕이면 불쌍한 인생, 결핍의 삶을 살 수밖에 없다는 삶의 가르침을 담은 경구가 아닐까 한다.

적은 것에도 감사하고, 나보다 어려운 이웃을 돕는 데서 삶의 참 의미를 찾아야 한다는 것을, 알면서도 행하지 못하는 내 좁은 소갈머리가 밉다. 족足에는 풍족과 부족이 있을 터, 다만 마음에 따라 양의 많고 적음이 문제가 아닐 것이다.

호주머니에 단돈 1만 원을 가진 사람이라도 풍족한 사람이 있을 수 있고, 반대로 1억 원을 가진 사람일지라도 부족하여 허덕이는 사람도 있을 것이다.

물질의 소중함을 아는 만큼만 정신의 소중함을 안다면 그 빈 곳을 얼마든지 채울 수 있을 것이라는 생각을 깨우쳐 주는, 그 작품의 먹 글자 한 획 한 획에 내 추한 마음을 못질하는 심정으로 담아내느라 한동안 도를 닦는 선비처럼 앉아 있었다. 벌써 산그늘이 창에 어리는 것을 보니 밤이 찾아오나 보다.

생각의 블루오션은 내가 만든다

딸아! 중국 여성들의 옷차림이 눈부시게 변했더구나.

그만큼 중국인들도 자신감이 커지고 있다는 반증이 아니겠니. 한편으로는 중국판 블루오션이 넓어진다는 의미이고 말이다.

요즘 블루오션이라는 말이 한창 유행이다.

블루오션Blue Ocean이란 '경쟁력을 창출하는 새로운 시장'이라는 의미를 담고 있는 용어이다. 남이 진출하지 않은 시장을 만들어 내 물건을 팔자는 지극히 경제적인 취지의 용어이지. 그러나 생각의 블루오션이 없고는 생산이나 시장의 창출은 불가능한 일이지.

생산이든 기획이든, 아니면 설계나 어떤 분야이든 결국 사람이 하는 것이다. 사람의 생각이 일차적인 기능을 담당한다. 그 생각이 구체화되어 기획으로 정리되는 것이다.

이런 점에서 사람의 생각이 먼저 블루오션에 도달해야 진정한 블루오션의 창출이 가능해진다고 생각한다.

날이 갈수록 첨예해지는 경쟁 속에서 기업이나 공사公私 조직에서는 직원들에게 남이 안 한 생각을 해보라고 주문하고 있다. 참 어려운 일이다. 그런 훈련을 해본 젊은이들이 많지 않으니 더 문제이다.

남이 안 해 본 생각을 하려면 평소에 무슨 훈련을 해야 하는가.

가장 중요한 것은 관찰 훈련이라고 본다. 나의 눈으로 나만이 찾아내는 훈련을 쌓는 것이다. 비유가 적절할는지 모르지만 평범한 개와 수사견이나 군견의 차이가 뭔가. 다름 아닌 민감한 후각과 날카로운 도전, 그리고 집중력이다.

인간도 마찬가지이다. 우리가 특수부대 훈련을 한 군인과 그렇지 않은 군인이 어딘가 다름을 알 수 있는 것은 바로 훈련의 결과이다.

내가 지방 강의를 다니다 보면, 우리나라 지방자치단체, 그중에서 군郡급은 재정 자립도가 매우 열악하여 중앙의 지원이 없으면 군청 공무원들 봉급조차 못 줄 단체가 수두룩하다. 그래서 각 지방자치단체들은 수익 사업에 거의 혈안이 되어 있는 상황이다.

1999년 초. 제2건국운동이라는 희한한 운동이 공직 사회에 태풍처럼 불던 시기에 나는 경기도 이천시청으로부터 '제2건국운동과 공직자의 사명'에 대한 특강을 요청받았다.

나는 이천시공관에서 수많은 공직자들을 대상으로 강의하는 도중에 '열린 마음을 가질 것'을 주문했다. 그리고 제대로 시정을 홍보할 것, 수익 사업을 위해 무엇을 할 것인가 등을 상세하게 지적했는데, 그 후에 많은 진전이 있었다. 그 몇 가지만 소개해 보기로 하자.

▶경기도 광주시에서 이천으로 들어오는 고개에 이천을 알리는 대형 시청각물을 설치하라는 의견에 큰 도자기 형태의 시계市界 표시가 세워졌다.

▶도자기의 고장으로, 세계 도자기 엑스포를 유치하는 고장인데 인재 육성 시스템이 전혀 안 되어 있다는 지적에 '이천도예고등학교'가 설립되었다.

▶복하천 일대가 너무 지저분하니 서울 한강의 둔치처럼 개발하라는 의견에 따라 정화 작업이 활발하게 이루어졌다.

▶ 시를 관통하는 주도로가 경사가 심하여 모든 차량이 흘러가버리는 특징을 보이고 있기 때문에, 차량이 멈출 수 있는 대형 주차 시스템을 갖추어야 한다는 지적에 큰 주차장이 행정타운 안에 건설되었다.

그 외에 이천쌀에 대한 적극적인 홍보 대책, 이천 도자기 엑스포에 일본왕 부처를 초청하라는 주장, 경전철이 이천 외곽을 반드시 통과하도록 설계에 반영시키는 문제, 관광대학을 세우라는 것 등…, 그날 강의 때 제시한 것은 참 많았다.

나의 강의가 끝나자 시장과 시의회 의장 등 지방 주요 인사들과 대담이 있었는데, 그들이 이구동성으로 하는 말이 "어떻게 그리도 이천의 사정을 잘 아느냐."라는 것이었다.

나는 그분들에게 관심을 가지면 보인다는 말만 하고 웃었다.

지금도 나는 경기도 이천시의 시정이나 여러 공사 등에 대해 제법 잘 알고 있다. 이천 사람과 만나 얘길 하다 보면 그분들이 여러 번 놀란다.

내 자화자찬이 지나쳤지? 내가 하고 싶은 말은 관심과 집중, 그리고 치밀한 관찰을 해야만 생각의 블루오션이 생긴다는 점이다.

이는 글을 쓰는 사람, 사업을 하는 사람이 가져야 하는 태도와 일맥상통하는 것이기도 하다.

누구에게나 공평한 3가지 재산이 무엇일까

어려움을 잘 이겨내는 딸아!

지금으로부터 10여 년 전, IMF 외환 위기 때였단다.

여기저기서 사람들이 절망하여 목숨을 끊는 일이 늘어났었지.

어느 방송국에서 심야에 마음을 다스릴 글을 낭송하는데, 아버지의 글이 채택되어 방송된 일이 있단다. 아래 글이 바로 그것인데, 나는 힘들 때마다 이 글을 다시 읽어보곤 한다. 원문 그대로 소개하니 한번 읽어보기 바란다.

당신이 아주 불행하다고 생각될 때, 그리하여 그만 이승을 하직하고 싶다는 강렬한 유혹이 가슴 한복판을 점령하고 귀에는 아무 소리도 들리지 않고, 눈에는 어떤 것도 보이지 않을 때, 아무 욕망도 일어나지 않을 때, 아아! 그보다도 끼니때가 돼도 배가 고프지 않고 먹고 싶은 음식이 없을 때, 혼자 앉아있는 방안으로 어둠이 찾아들어도 불조차 켜는 것이 부끄럽고 힘이 들 때, 괴로워하지 마십시오. 그것은 사멸을 예비하는 때가 아니라 오히려 분명 당신이 살아있음을 재인식하는 아주 좋은 기회입니다.

당신은 아무것도 가진 것이 없는 사람이 아닙니다. 먼저 당신의 살아있는 몸을 가지고 있고, 그 몸속에 가득 담긴 지식과 감성을 가지고 있습니다. 즉, 당신은 가장 소중한 인간의 생명을 지니고 있는 '산 사람'이라는 점을 잊어서는 안 됩니다. 그리고 그 생명의 이음새인 아주 오랜 시간이라는 재산을 갖고 있습니다. 당신의 나이에 따라 시간의 길이가 달라질 수는 있겠지만, 아무려나 짧게는 몇십 리에서부터 길게는 몇백 리 혹은 몇 천릿길에 버금가는 소중한 시간을 가지고 있습니다. 이 둘은 아무도 당신에게서 빼앗아갈 수 없는 것들입니다. 그리고 또 하나, 당신이 살아가고 있는 '자연 세계'가 있습니다. 공기와 흙과 물은 어느 누구도 독점할 수 없는 공동의 재산입니다.

생각해 보세요. 당신이 숨을 쉬는데 세금을 냅니까. 당신이 가난하다고 숨을 덜 쉬라는 지침이라도 있습니까. 아니면 가난한 사람은 더러운 공기를 마시고 오염된 물을 마시라는 차별이 존재합니까. 그리고 산과 들에 있는 흙이 가난한 사람은 밟지 말라고 거부를 합니까.

아주 기초적이고 상식적인 생각이지만 사람은 재산의 유무나 다과多寡에 관계없이, 학력과 권력의 높고 낮음에 관계없이, 성별과는 무관하게 3가지의 기본 재산을 가지고 있습니다. 그것은 곧 생명과 시간과 자연입니다. 이것은 곧 모든 인간이 희구하는 가치 -돈, 건강과 장수, 권세와 존경의 명예, 삶의 보람 중에서 건강과 장수 및 삶의 보람과 연관되는 소중한 것들입니다. 현대인은 모든 것을 테크놀로지로 바꾸어 계량화 수량화하고, 그 속에 자기를 안치시켜야 안심하는 버릇이 있는데, 돈을 잘 벌어 잘 쓰는 재테크, 시간을 잘 활용하는 시테크, 지식을 잘 획득하고 활용하는 지知테크, 이런 식으로 언어를 구속시킵니다.

그러면서 정작 중요한 정신과 육체의 건강 문제는 건健테크가 아니라 웰빙well being이라고 말합니다. 웰빙이란 몸과 마음이 동시에 쾌적한 상태를 말합니다. 아주 융합적이고 복합적인 새로운 '삶의 만족'을 그렇게 추상적인 용어로 만들어 놓은 것입니다.

아무튼 우리에게는 천부적인 세 가지의 재산이 있는데도 그것의 존재성과 가치성을 잘 발견하지 못하고, 마치 자기는 버림받은 사람인 듯 좌절과 낙망에 빠진다면 그것은 인간 존재의 기초인 자연성조차 거역하고 거부하는 아주 졸렬한 소행입니다. 용기를 내십시오, 그리고 일어나서 거울을 보고 웃으십시오.

예절과 윤리를 알고 그대로 행하면 영혼이 자유롭다

보고 싶은 내 딸아!

삼월 초순 새벽. 아직은 바람이 차다.

오늘은 지리산 아래에서 이 글을 쓴다.

너도 알다시피 아버지는 늦공부를 했다. 가정이 어려워 고등학교도 검정고시로 마친 뒤 37세에 대학을 나오고, 나이 40에 대학원을 나왔으니 내가 대학원 졸업할 때 넌 초등학교 5학년, 네 오빠는 고1이었지. 우리는 함께 공부했잖니. 지금 생각하면 아름다운 추억이지만 "아빠 공부하니 조용히 해라.”라는 엄마 등쌀에 너는 겨우 장만한 흑백 TV에서 어린이프로조차 제대로 못 보았지. 그래도 불평 없이 책을 펴 들던 너였다. 미안하구나. 아무튼 어릴 적의 너는 참 자상하고 참을성이 강했던 아이였단다.

또한 넌 정말 모범생이었다. 대학을 마칠 때까지 남자 친구 하나 없었으니 말이다. 글쎄, 내가 잘 몰랐는지는 모르지만….

세상을 살아보니 본의 아니게 남에게 거짓말을 할 경우가 있더라. 아름다운 거짓말이라고나 할까. 아니면 불가피한 속임이라고 할까. 그리고 나보다 더 자유분방하게 살아가는 이웃이나 친구를 보면 자신이 못나 보이는 때도 있더구나. 남들은 인생을 즐기며 사는데 왜 나는 스스로를 묶어 매놓고 연애 한번 제대로 못하는지, 스스로 한심하다고 생각할 때가 있었지. 어디 남녀 관계뿐이겠니. 돈을 모으는 일이나 권세를 얻는 일, 그리고 명예를 얻는 일에도 이전투구泥田鬪狗처럼 하여 모으고, 올라가고, 얻고, 쌓아나가는 사람들이 있지. 그들의 치열한(?) 삶을 보면서 나는 자신의 무능을 탓하기도 했단다.

그런데 어느 날인가. 나보다 앞서갔던 사람들 중에는 국회 인사청문회에서 망신을 당하거나 수갑을 차고 감옥으로 가는 사람들도 있었다. 또 어떤 욕심꾸러기들은 일찍 죽더구나. 과욕이 생명을 재촉했던 게지. 자기 분수 이상으로 돈과 여자와 집과 땅부동산과 명예와 권세를 탐한 결과였단다. 아니 그보다 더 근본적인 것은 그들의 삶의 과정에 윤리와 예의염치가 결여되었기 때문이었다고 본다.

그래서 아버지는 너에게 부탁한다. 아무리 힘들더라도, 또 아무리 외롭고 소외되었다 생각되더라도 분에 넘치는 욕망은 자제하여라. 그것이 사람답게 사는 길이란다. 예의염치를 알고 윤리적으로 살게 되면 물질적인 삶은 풍족하지 않더라도 네 영혼이 자유롭단다. 그것이 곧 정신적인 만족과 행복이야. 물질에 나의 영혼을 붙들어 맨다면 얼마나 답답하고 힘들겠니.

하루 세 끼 굶지 않고, 잠잘 방이 있고, 걸칠 옷이 있다면 이 세상에 사는 동안 그리 불편하진 않을 것이다. 그러니 여력이 생기거든 돈 모으고 쾌락을 탐하는데 던지지 말고 삶의 가치를 탐구하는 데 쏟아 붓거라. 그리 한다면 나이 50쯤이면 네 인생은 한결 품위 있게 되고, 그에 따라 자연히 어느 정도의 돈과 명예와 보람이 수반되어 있을 것이다. 돈을 좇아 부나비처럼 사는 사람은 결국 부나비가 되어 스러진단다. 오늘은 이만 그치자. 벌써 동창이 훤해지고 있구나.

오늘도 건강하게 보내거라.

참회와 감사 그리고 발원發願의 108배拜에서 얻는 것

사랑하는 딸아!

아버지가 나이 들어가니 새벽잠이 더 줄어드는구나.

하여 이제는 새벽에 일어나면 108배를 하는 습관을 익히고 있다.

봄철 황사가 심하여 밖에 나가면 뿌연 연무가 숨을 막기 때문에 당분간 아침 운동 겸 명상으로 방에서 108배를 하기로 했다.

이른 아침 6시부터 불교TVBTN에서 108배 방영을 하는데, 유익한 문구 108개가 낭송되고 좋은 화면이 함께 뜨니 그걸 따라서 하면 아주 좋더구나.

말이 108배이지, 한 번 하고 나면 이마에 땀이 맺힌다.

종교와는 무관하게, 기도하는 심정으로 할 수 있는 새로운 건강법으로 많이 보급되고 있으니, 너도 한번 해보렴. 배도 들어가고 무릎과 어깨 팔다리 등 사지가 고루 운동이 되는 거란다. 또 몸이 가뿐해지고 마음이 안정이 되어 일에 능률이 오른단다.

절을 한다는 것은 자신을 낮추는 최선의 행동요법이 아닌가 한다.

평소에 인사를 나눌 때도 절을 하는 자세와 마음가짐으로 한다면 인간관계에 큰 도움이 될 것이다.

특히 젊은 사람들 중에는 윗분에게 인사할 때도 가볍게 "안녕하세요."라고 입으로만 인사를 하는데, 인사란 말과 행동으로 동시에 하는 것이란다. 두 손을 모으고 공손한 자세를 갖춘 뒤 인사말을 여쭙는 것이 진정한 인사법이다. 상대방의 '안녕하심' 을 여쭙는 것이 인사이니 진지하게 하는 것은 당연한 일이 아니겠니.

인사를 잘하면 인격과 인품이 달라진단다.

108배를 하는 동안에 나는 세 가지를 마음에 새긴단다.

첫째는, 나의 삶에 대한 참회이다. 참 바보스럽게 이기적으로 살아온 삶에 대해 진심으로 반성하고 용서를 비는 마음을 절에 담아 머리를 숙인다.

둘째는, 감사의 마음을 담는다. 내가 살아가는 것이 내가 잘 나서가 아니고, 모든 사람과 물질의 도움으로 가능한 것이기에 나를 둘러싼 모든 존재에게 감사를 드린다.

셋째는, 간절한 발원發願의 정을 담아 머리를 숙인다. 나와 내 가정과 이웃과 나라, 그리고 온 세상이 화평하고 무병하고 발전하기를 소원하는 것이다.

온유溫柔한 딸아!

너도 이제 나이가 들어가니 108배를 한번 시험 삼아 해보렴. 처음엔 33배도 힘이 든다. 하지만 점차 숫자를 늘려나가면 108배는 무난하지. 어떤 부인은 조석으로 108배를 2년 동안 했더니 잔병이 다 낳았다고 하더라.

몸과 정신의 건강을 위해 돈 안 들이고 할 수 있는 일 중에 가장 좋은 것으로 생각되어 너에게 권한다.

하심下心을 가지고 살아야 좋은 결말이 찾아온다

논문 심사를 앞둔 딸아!

지금 많이 초조하겠구나. 그러나 곧 훌륭한 결과가 나오리라 믿는다. 생각하면 지난 7년 동안 넌 참 고생을 많이 했다. 문물과 제도와 인정이 낯선 중국 땅에서 오랜 시간을 공부한다는 것은 여간한 인내가 아니고는 어려운 일이지. 그런 점에서 네가 한결 믿음직스럽구나. 물론 지나고 보면 공부할 때가 가장 쉬웠던 때이기도 하지만. 아무리 어렵더라도 지난 7년의 세월에 대한 보상을 받기 위해서, 그리고 너의 앞날을 위해 유종의 미를 거두어 주었으면 한다.

중국 교수들이 너의 논문을 읽고 어떻게 평할는지 내가 더 걱정이 되어 요 며칠 동안은 잠을 설친단다. 내가 심사받는 기분이다.

'중국 저장성 민영기업의 성공 요인 연구'라는 테마는 참으로 어려운 주제라고 생각한다. 중국의 개방 정도가 한계가 있고, 기업 정보 공개가 부실한 상황에서 중국 민영기업을 연구한다는 것은 어려운 일이지. 더욱이 저장성에 달려가 155개 기업에서 설문을 얻어낸 일, 그 자료를 미국으로 보내 유수의 기관에서 통계 처리한 것은 참 잘한 일이고, 네 논문에 생명을 불어넣은 일이었다고 생각한다. 아무려나 연구 성과가 중국과 한국 정부나 기업, 학계에 도움이 되길 바란다.

논문 심사가 하심下心과 무슨 관계가 있을까 싶겠지만, 너는 아직 배우는 도정에 있는 학생이기 때문에 항상 겸양해야 한다는 뜻에서 이야기를 하마.

사람이 남 앞에 서면 가장 중시해야 할 것이 하나 있다. 통상 겸양이라고 하지만 그것은 하심下心을 갖고 남을 대하는 것을 말한다.

하심이란, 나를 낮추는 것이다. 나를 남보다 한없이 낮출 때 나의 본심本心, 즉 본마음이 내 눈에 보이고 그 본마음으로 돌아올 수가 있다. 본마음을 발견해야 너의 진면목을 상대방에게 보여 너를 이해시킬 수가 있는 법이 아니겠니. 그리 되면 네 마음에 태양이 뜨지.

사람들은 자아발견을 많이 말하지만 어떻게 자아를 발견하는 것인지를 잘 모르는 수가 많다. 자아발견의 첩경은 바로 하심이 아닐까 한다. 이런 하심이 익으면 자아성숙이 되고, 익은 자아가 곧 자아실현으로 이어지는 것이란다. 그러기에 하심은 곧 좋은 인생을 안내하는 '심리의 지도'이다. 앞으로 긴 인생을 살아갈 네게 해줄 수 있는 말은 바로 이것이다. 하심을 갖고 겸손하게 심사위원스승들로부터의 질책과 비난을 감사히 받아들여라. 혹여 한국 학생이라고 까다롭게 심사하는 것은 아닌지, 언짢게 생각할 수도 있겠지만 그런 생각이 든다면 도리어 감사하여라. 너의 논문이 그만큼 가치가 있다는 것을 암시하는 것이니까. 아무쪼록 유종의 미를 거두도록 기도한다.

종교와 신앙을 가진 사람이 더 강하다

사랑하는 딸아!

사람이란 아무리 많이 배우고 건강하다 해도 생명의 유한성으로 인해 나약하고 외로운 존재이다. 아무리 의지가 강하고 우수한 사람일지라도 생사 문제를 스스로 결정할 수가 없는 것이 사람이다. 나약한 인간이 자신의 역량을 깨닫고 새로운 기쁨을 얻는 방법이 무엇일까? 물론 문화와 예술 활동을 통하여 어느 정도 이를 극복할 수는 있지만 신앙생활이 보다 큰 안정과 평화를 가져다주고, 삶의 의미를 더 크게 해준단다.

스스로 생명을 만들어 나오지 못한 인간은 피조물이라는 한계 속에서 항상 괴로워하고 힘들어한다. 이는 나이가 들어 세상 문리가 트이고 지식이 늘어갈수록, 그리고 물질 생활이 풍요할수록 증가하는 본능적인 욕구 때문이기도 하다. 이런 점에서 매슬로우의 '욕구 5단계'의 최정상을 차지하고 있는 '자아실현의 욕구'는 어쩌면 '평화의 욕구'로 수정해야 할지도 모른다.

돈과 재물이 많은 사람은 신 앞에 조금 더 겸손해야 한다. 그는 다른 사람들의 결핍과 부족함을 이해하고, 그들에게 도움을 줘야 한다. 부자가 가난한 이를 돕는 일을 자선慈善이라 칭하지만, 그것은 부자가 치러야 할 당연한 의무라고 생각하는 것이 옳다. 이론적으로는 부적절할지 모르지만, 남이 가난하기 때문에 내가 부자가 되었다는 정서를 갖는다면 가난한 이들을 그냥 보아 넘기지는 못할 것이다. 부자가 저만 잘 먹고 잘살다가 이 세상을 하직하는 것은, 너무 심한 말일지 모르지만 일종의 죄악이 아닐까?

세상에서 번 돈과 재물은 저세상에 가기 전에 지상의 형제들에게 나눠주고 가야 한다. 이것이야말로 진정한 신심信心이요 이웃 사랑이 아닐까 싶다.

신앙과 종교 안에서 신의 참뜻을 깨닫고 신의 뜻에 따라 이 세상을 바람직한 방향으로 만들어 나가려고 애쓰는 사람들은 나부터 수양하고 이웃에게 봉사하면서 나라와 세계를 위해 기도하고 도움을 주는 삶을 추구한다 내 몸을 닦는 것은 곧 다른이들을 평안하게 하는 것이다 修己以安人. 이런 생활 태도야말로 가장 값있고 순수한 삶이 아닐 수 없다. 무슨 일을 하던지, 그 일이 소득이나 명성, 명예나 권력과 무관한 것일지라도 이 세상에 조금이라도 도움이 되는 것이라면 기꺼이 감사하게 생각하고 여생을 바치는 삶의 태도는 숭고한 것이다. 그와 같은 생활의 바탕에는 반드시 돈독한 신앙이 자리 잡고 있다. 종교나 교파와는 상관없이 신앙은 진정으로 인간을 강하게 만드는 힘이다.

사람은 나이 들어가면서 반드시 하늘을 우러르고 땅에 경배를 하게 된다. 태어났던 그 본향本鄕으로 다시 돌아간다는 것은 피조물로서는 숙명적인 것이고, 그것을 아는 사람은 신의 오묘하신 섭리에 귀의하여 세상 만물을 찬미하고 하늘에 감사하면서 하루의 삶을 보낸다.

우리는 하루를 살면서 몇 번이나 하늘을 우러르고 신에게 감사했던가. 내가 잘나고 내 집이 부자여서 남부럽지 않게 살아왔다고 자만하지는 않았던가. 만약 그랬다면 으스대고 자랑하며 보낸 세월의 길이만큼 사람은 후회하게 된다. 사람은 결국 피조물이다. 부모의 몸을 빌려 태어난 사람이라는 존재는 살아가면서 끝없이 방황하고 회오悔悟하고 새로운 출발을 다짐한다.

사람의 생명은 유한하다. 아무리 장수하는 사람이라 할지라도 100년 정도밖에 살지 못하는 것이 사람이다. 나이가 들수록 기력이 쇠해지고 병이 들어 정상적인 삶을 영위하기가 힘들어진다. 그래서 마음이 약해지는 것을 막기 위해 어디엔가 마음의 의지처를 찾는다. 그러한 것에는 학문 연구, 종교 및 신앙 활동, 예술 창작 활동, 이웃에 대한 봉사활동, 진정한 우정과 친교 등이 있을 수 있다.

요즘은 나이 들어 홀로 생활하는 사람이 많고, 나이가 들지 않았다 하더라도 '기러기 아빠'로 별거 아닌 별거 생활을 하는 직장인들도 많다. 홀로 살게 되면 마음이 약해지고, 그것은 점차 자신의 기氣를 약하게 만든다. 기가 약해지면 몸과 마음이 쇠약해지고 그 결과 병이 들고 죽음이 빨리 다가온다. 혹자는 은둔 생활로 도피하려는 경향을 보이지만 그것은 일시적 방편일 뿐, 좋은 해법이 아니다. 그보다는 사람들 속으로 들어가서 봉사하고, 신앙생활을 하는 것이 좋다.

내가 아는 어느 노 경영자도 아주 강한 분이셨는데, 노년에는 신앙생활을 하면서 평화와 안정을 찾고, 삶의 새로운 의욕을 얻었다고 좋아하시더라.

종교와 신앙은 사람들에게 또 다른 용기와 비전을 주는 신의 큰 축복이다.

'밥 먹는 짐승'은 되지 말자

비가 내린다. 오랜 가뭄 끝에 내리는 단비 소리에 아버지는 모처럼 새벽잠을 달게 잤구나. 오묘한 자연의 섭리에 오늘 아침에도 고개를 숙인다.

너와 아버지는 참 많은 점이 닮기도 했고, 또 다르기도 하다.

제일 닮은 점은 고독을 사랑할 줄 안다는 것이지. 다른 것 중의 하나는 생활 방식이지. 넌 올빼미족이고 나는 종달새족이잖니.

어떤 날은 너와 내가 새벽에 바톤 터치한 날도 있지. 새벽까지 공부하고 잠자리에 들어가던 네가 새벽에 일어나 서재로 들어가는 나와 마주친 일도 있으니까 말이다.

아마 이런 습관은 평생 바꾸지 못할 것 같다. 다만 네 신랑 될 사람이 아버지처럼 종달새족이거든 잘 납득을 시키거라. 그리고 부부가 살아가면서 많은 대화를 해야 하는데, 나처럼 입이 무거우면 신랑과 의견충돌이 일어날 가능성이 있다는 것, 잘 기억해 두거라. 하기야 너나 나나 평소엔 자물쇠 입이다가도 일단 시동이 걸리면 몇 시간이고 떠들어대는 성미이기도 해서 큰 걱정은 안 된다만.

어제는 신문을 읽다가 큰 충격을 받았다.

수많은 사건 사고가 난무하는 지면이라서 혀를 차며 넘기다가 구상具常 시인이 쓴 '그리스도의 폴1'이라는 시를 읽었다.

그 시의 말미에 '밥 먹는 짐승'이라는 시구詩句가 있는데, 그 대목에서 내 몸은 얼어붙다시피 했단다. '밥 먹는 짐승'이라. 정말 쇠몽둥이로 머리를 내리치는 충격이었다. 살려고 밥을 먹는 것은 뭇 짐승의 공통점이지만 사람만큼은 짐승과는 다르게 살아야 한다는 것, 인간의 존엄성과 사명을 생각하게 해주는 시구였다.

그렇다. 나는 하루에 세 끼를 꼬박꼬박 챙겨 먹으면서 과연 무슨 일을 하고 있는가. 무엇을 생각하며 무엇을 생산하여 이웃과 인류와 자연과 우주에 도움을 주며 살아가는가. 무섭고 섬뜩한 '밥 먹는 짐승'이라는 시구에 접한 뒤부터 밥그릇을 대하기가 두렵구나. 성경의 "일하지 않는 자는 먹지도 말라."라는 구절을 "밥 먹는 짐승은 되지 말자."라는 경구로 바꾼 시인의 철학에 나는 입을 닫고 말았단다.

밥을 적게 먹는 딸아!

엄마와 아빠는 지금 아침밥을 먹으려고 상을 차린다. 하지만 이제부터는 밥상에 앉을 때마다 '밥과 생명, 인간과 일'에 대해 더 깊이 묵상해야 겠다.

엄마가 배부르다고 하는 것은 배고프다는 말이다

하나밖에 없는 딸아!

얼마 전에 TV 대담프로에서 듣고 본 이야기를 해주마.

어느 가난한 집에서 있었던 일이다. 육 남매를 거느린 홀어미는 끼니때만 되면 밥그릇 채우기도 버거운 생활을 하고 있었다. 생선가게에서 일하는 엄마는 일을 끝내고 나면 물간 생선 두어 마리를 들고 집에와 아이들에게 생선국을 끓여주곤 했는데, 아이들 국그릇에는 몸통이 들어가고 정작 엄마는 시커먼 머리만 먹었다.

어린 딸아이가 엄마에게 물었다지.

"엄마는 왜 맨날 생선대가리만 먹어?"

그러자 엄마 하는 말

"응, 엄만 몸통보다는 머리가 좋단다. 영양도 많고 맛도 좋거든."

아이들은 엄마의 대답은 귓등으로 듣는 둥 마는 둥 제 밥그릇 비우기에 정신이 없었단다.

그 후 아이들이 자라 시집 장가 다 보내고 나니 엄마는 꼬부랑할미가 되어 버렸지.

어느 가을날, 모처럼 막내딸이 사위랑 함께 친정엘 찾아왔는데, 스치로폼 생선박스 하나를 자가용에 싣고 와서 엄마에게 주며 하는 말이 걸작이었다.

"엄마, 엄마가 제일 좋아하는 생선 사왔어."

"그래? 고맙구나."

엄마가 열어보니 온통 생선대가리뿐이었다.

어이가 없어 한동안 멀거니 그것을 쳐다보는 엄마에게 딸이 하는 말

"엄마, 어때? 크고 맛있게 생겼지?"

딸의 말을 들은 엄마는 그 자리에 주저앉아 통곡하고 말았단다.

허나 정작 딸은 엄마가 왜 우는지, 그렇게도 좋아하는 생선대가리만 골라서 사 왔는데, 왜 저리도 슬퍼 우는지 알지 못했다.

한참을 울던 엄마는 눈물을 훔치며

"네가 엄마를 생각하는 정이 너무 고마워 울었지 뭐냐."

그 말에도 딸은 그저 그런 줄만 알았단다. 더 한심한 것은 장모가 생선대가리만 좋아한다는 아내의 말을 듣고 생선대가리만 모아온 사위 녀석이다.

사위는 백년손님이란다. 백년이 가도 결국 남이다. 아무리 모자라도 내 딸이 제일인데, 그 딸이 엄마의 본심을 몰라주고 푼수없이 생선대가리만 모아온 것을 보고 엄마는 자식을 잘못 키웠다는 자책감이 치밀

어 슬피 울었던 것이다.

'나한테 서운케 하는 것이야, 내가 저지른 업보이지만 저것이 시부모에게 이런 실수를 하면 창피해서 어찌 사나.'

그런 생각이 명치끝에서부터 치밀어 올라 엄마는 더 슬피 울었던 것이다.

이 땅의 엄마들은 금이야 옥이야 딸을 키워 시집보내 놓고도 한시도 걱정의 끈을 놓아본 일이 없단다.

누가 지어낸 이야기겠거니 생각하다가도 눈시울이 자꾸만 뜨거워지는구나.

믿음직한 내 딸아!

신파적인 이야기라 해도 변명은 아니 하련다. 드라마에서나 있을 법한 일들이 우리 주위에는 수없이 일어나고 있으니까.

많은 딸들이 제 엄마가 늙어 병들고 나서야 엄마의 소중함을 알고 여행을 보내 드린다. 약을 사다 댄다, 난리들이지만 벌써 늦은 일이란다. 왜냐하면, 50대 이상 한국의 엄마들은 몸이 다 성치 못하기 때문이다. 젊어 모진 고생을 하며 살아온 세월, 약 한 첩 제대로 먹지 못하고 살아오면서도 자식 생각에 그것 챙겨주느라 본인의 건강은 언제나 뒷전이었지.

우리나라 엄마들은 지금도 배고프단다.

일 년에 단 한 끼라도 좋으니 네 손으로 따뜻한 밥을 만들어 엄마에게 드리렴. 아버지는 그것이 보고 싶다.

살면서 잃어버려서는 안 될 5가지

사랑하는 딸아!

우리가 살아가면서 잃어버려서는 안 될 일들이 여러 가지이지만 다음의 5가지는 죽음이나 다름없는 일이라고 생각한다. 너무 아버지의 견해만 강요하는 것 같아 미안하지만 '인생 고참'의 말이니 조금은 소용될 것이라 여겨 적어 보낸다.

(1) 정신을 잃어버리면 안 된다.

우리는 일을 처리하는 데 약간 어벙한 사람을 보고 '도대체 정신이 있나 없나?'라거나 '정신이 돈 거 아냐?'라고 힐난하기도 한다. 그 말은 육신이 멀쩡하더라도 정신혼, 얼을 잃어버리면 일을 제대로 수행할 수가 없다는 뜻이지. 아니 사람이 정신을 잃으면 죽는다. 그러니 항상 제정신을 잃지 않도록 정신을 모아야 한다. 흐릿하게 정신을 반 놓아버리면 일종의 뇌사 상태와 같다. 그러니 힘든 세상일수록 정신을 바싹 차리고 살아야 한다. 가정의 안주인이 정신이 올바르고 강해야 내 가족과 우리 사회도 강해진다.

(2) 건강을 잃으면 안 된다.

현대인의 수명이 점점 길어지면서 건강 문제가 초미의 관심이 되고 있다. 기간만 오래 산다고 장수가 아니잖니. 천수天壽란 살아 있는 기간 플러스 삶의 질이란다. 건강하게 살아야 그것이 진짜 장수하는 것이지.

건강은 자기가 만들고 자기가 지키는 재산이다. 나의 건강과 불건강은 모두 다 내 책임이라는 것은 아무리 강조해도 지나침이 없는 말이다.

(3) 친구를 잃어버리면 안 된다.

결혼 후에는 옛 친구들이 멀어지지만 가급적이면 추억의 친구들을 멀리하지 말아라. 그리고 새로운 친구들을 사귀어라. 사회적 존재인 인간이 벗을 잃어버린다면 그것은 곧 자기 소외를 재촉하는 일이잖니. 사회가 주는 구조적 소외 못지않게 스스로 자초하는 소외는 내 생명을 갉아먹는 벌레와 같은 것이다. 친구를 새로 사귀는 일 못지않게 오랜 친구를 잃어버리지 않도록 노력해야 한다.

친구란 장醬이나 묵은지 혹은 포도주나 위스키와 같이 오래될수록 좋은 것이다.

(4) 직업을 잃어버리면 안 된다.

사람이란 일을 하면서 살아가는 존재이다. 무직자나 무위도식하는 자는 시간과 자원과 생명을 스스로 죽이는 사람이다. 할 일이 없다는 것처럼 불행한 것은 없다. 편함은 땀 흘린 뒤에 그 가치가 있는 것이지, 일생 내내 할 일 없이 편안하게 살아가는 인생이란 존재하지 않는다. 논다는 것은 편함과는 질이 다르다. 고로 내가 할 일이 있다는 것에 대해 항상 감사하거라. 사회와 조직과 제도가 나에게서 일을 빼앗아 가거든 스스로 할일을 만들어 나가야 한다. 전업주부로서 혹은 직장생활을 하는 겸업주부로서 결혼 후에도 일 속에서 보람을 찾는 사람이 쉬이 늙지 않고 더 활기차게 살아갈 수 있단다.

(5) 나라를 잃어버리면 안 된다.

국가라고 하면 너무 거창한 것 같지만 '큰 가정'이 곧 국가이다. 나를 정신적으로 역사적으로 보호하는 최고 최대의 가정이 곧 국가이다. 나라를 잃으면 아무리 훌륭한 개인이라 할지라도 남의 나라의 종從과 같은 신세로 전락하고 만다. 그러니 한 가정의 어머니가 국가를 염려하고 사랑하는 마음으로 가득차 있다면 아이들은 물론 많은 식구들에게 좋은 영향을 준다.

아무리 글로벌 세상이라 할지라도 강한 나라의 국민이어야 세계에 나가 따돌림받지 않고 떳떳하게 살아갈 수가 있다. 우리가 후손에게 물려줄 최대의 유산은 바로 '강한 나라'라는 점을 잊지 말자고 강조해 주고 싶다.

몸의 '때'는 밀어내야 새살이 돋는다

깔끔한 내 딸아!

며칠 전 동네 목욕탕엘 갔다. 몸이 노곤하거나 일이 힘들 때면 대중 목욕탕엘 가서 뜨끈한 탕 속에 몸을 푹 담그면 피로가 쉬이 풀린다.

나는 요즘 유행하는 찜질방이나 숯가마보다는 목욕탕을 좋아한다. 사람마다 다르겠지만 찜질방이나 숯가마도 좋기는 하지만, 대개의 경우 거리도 멀고 요금도 비쌀뿐더러 시간이 아깝다는 생각에 몇 년 전인가 한두 번 가보곤 그 뒤론 절연이다.

목욕탕은 서민에게는 최고의 휴게실이다.

더운 탕 속에서 나와 부드러운 수건에 비누칠을 하여 온몸을 가볍게 문지르면 그렇게 시원할 수가 없다. 나이가 들어가면 몸이 가렵다더니, 늙는 것은 모든 생명체의 자연현상인 것을 어찌 막으랴. 단 하루를 산다는 여름날의 하루살이에서부터 천 년을 산다는 학에 이르기까지 시간의 길이만 다를지언정 사멸死滅은 어쩔 수 없는 숙명이요 운명인 것을.

탕에서 나와 망연한 심정으로 나의 여린 손을 바라본다. 하 많은 세월을 부려먹기만 한 내 손. 부드러운 크림 한번 제대로 발라준 적이 없는 주름투성이인 내 손. 그래도 농사짓느라 투박하게 갈라진 우리 아버지의 손에 비하면 고운 셈이다. 이 손이 있기에 오늘의 내가 있다는

생각에 나는 손을 가볍게 마사지해 주면서 손가락을 세워 손등을 역방
향으로 문지르기 시작했다.

그런데 어렵쇼! 때가 밀리는 것이 아닌가. 처음에는 흰 때가 나오더
니 홈이 파인 곳을 밀어주니 거뭇한 때가 밀려나왔다. 흰 때는 부자들
의 때요, 검은 때는 가난뱅이들의 때라고 어머니가 생전에 말씀하셨는
데…. 난 영락없는 가난뱅이인가 보다. 어머니는 부자들은 잘 먹어서
때도 하얗지만 가난뱅이들은 못 먹어서 때도 까맣다고 했다. 그 말씀
은 목욕을 자주 하지 못하는 가난한 자식들의 가슴을 더 아프게 했던
기억이 난다.

이리저리 손등과 손목을 부지런히 오가며 때를 밀면서 '때 아껴서
살 만들래?' 하시던 어머님의 음성이 귀에 쟁쟁했다. 어머니는 명절
전날에는 가마솥에 물을 끓여 부엌에서 아이들을 목욕시켰다. 내 어렸
을 때는 명절에나 목욕하고 이발하였으니 일 년에 두세 번이면 족했을
것이다. 다만 여름날에는 개울 목욕을 하루에도 몇 번씩 해댔으니 그
것으로 건강을 찾았는지 모를 일이다. 그런 때문인지 나는 너무 고급
스런 목욕탕엘 들어가면 조금 소원해진다. 그래서 동네 목욕탕의 소박
함이 좋다.

무연히 때를 밀면서 마음의 때를 생각한다. 살에 붙은 때만 더럽고
내 맘 속에 덕지덕지 붙은 때는 눈에 보이지 않으니 더러운 줄 모르고
살아오지 않았던가. 마음과 양심의 때가 더 더럽고 무섭다는 것을 아

는 체하면서도 나 자신을 속이면서 살아오지는 않았던가. 그 결과 오늘의 내가 있는 것이라면 현재가 힘들고 어렵다한들 누굴 원망할 수 있으랴. 다 내가 만든 업보인 것을.

내 살에서 때를 밀어내는 것은 더러움을 벗겨내어 피부 건강을 통해 신체의 건강을 찾으려는 일이기도 하지만, 새로 태어나려는 변화의 시도이기도 하다. 새살이 돋아야 세포가 왕성하게 움직이고 신체가 건강해질 수 있는 법. 몸의 때와 함께 마음의 때까지 밀어내는 심정으로 다시 타월을 문대본다.

목욕이라는 것, 그것을 통해 변화의 철학을 음미하고 실천 동기를 찾아낸다면 단순한 목욕이 아니라 엄청난 자기변혁의 시작이 아닐까?

새봄이다. 금년 가을에 풍성한 추수를 바라거든 봄에 올곧은 마음으로 내 몸과 마음에 건강한 씨뿌리기를 게을리 하지 말자.

5. 건강을 잃으면 아무것도 이룰 수 없다

흡연은 모성을 파괴하는 죄악이다

사랑하는 딸아!

요즘에는 담배를 피우면 살이 빠진다는 속설 때문인지 여성 흡연 비율이 날로 높아간다. 한 통계에 의하면 여고 3년생의 20%가 담배를 피운다고 한다. 10여 년 전에 비하면 10배 이상 높아졌다. 또 레스토랑에서나 커피숍 같은 곳에서는 젊은 여성들의 흡연 모습을 자주 볼 수 있다. 심지어 길가에서도 드러내놓고 담배를 피우는 여성이 있으니까.

남녀평등인데 왜 여자의 흡연만 가지고 그러느냐고 한다면 할 말이 없다만, 지금은 남성 흡연이 줄어들고 여성 흡연이 늘어나고 있다는 통계가 나왔기에 하는 말이다.

옛날에는 할머니들이 속이 상하여, 혹은 홧병을 치유할 요량으로 담배를 주로 피웠는데, 요즘 할머니들은 건강을 생각하여 담배를 피우는 수가 줄었다. 그 대신 젊은 흡연여성의 수가 폭발적으로 증가하였다지. 왜 젊은 여성들이 흡연을 할까. 내 생각에는 두 가지 이유 때문이라고 본다.

하나는 살이 빠진다는 속설 때문이고, 다른 하나는 스트레스 때문이다. 그리고 구태여 하나 덧붙인다면 남녀평등 의식의 과시와 함께 멋있어 보이려는 생각에서일까.

그러나 그중에서 가장 큰 이유는 단연 살 빠짐이다. 하지만 생각해 보자. 흡연으로 살이 빠질까? 물론 남녀를 불문하고 골초들을 보면 말라깽이가 많다. 그러니 살이 빠진다는 말을 믿게 되나 보다. 그것은 그야말로 속설에 불과하다. 담배를 많이 피우면 몸이 건조해지고 머리가 푸석해지며, 근육이 줄어든다. 또 피부가 노랗게 변하며 나중에는 얼굴에 반점이 생기기 시작하는데, 아무래도 니코틴 성분이 피부 가까이 침착하기 때문이 아닐까 싶다. 서양인과 동양인의 피부 구조가 달라서 그런지는 몰라도 서양 여성은 흡연을 해도 피부에 금방 나타나지 않는데 비해 동양인은 표시가 난다. 흡연과 체중 감량은 어느 정도 관계가 있다는 것은 '근육이 줄어드는 것'을 의미한다. 근육이 줄어들면 몸에 탄력이 없어지고, 얇은 살가죽과 뼈만 남는데, 그것이 마치 살이 빠지는 것으로 보인다. 근육이란 나이 들수록 더 만들기 위해 노력해야 늙어서 뼈가 덜 아픈 법인데, 젊은 여성이 근육을 제거한다면 큰일이다. 근육은 뼈와 살 사이에서 균형을 잡아주고 운동을 가능케 하며, 뼈마디를 보호하는 역할을 한다. 이 근육이 젊어서 줄면 늙어서 고생하는 것은 뻔한 이치이다. 근육이 없으니 몸이 더 아프고 뼈가 더 고통스러울 것이 아니겠니.

또 한 가지, 젊은 여성이 결혼 전에 피운 담배의 니코틴은 여성의 몸 안에 그대로 농축되어 죽을 때까지 사라지지 않는단다. 그러니 여성의 뼈와 살과 피, 심지어 아기가 자라는 자궁을 둘러싼 각종 세포에도 니코틴이 그대로 흡착되어 버린다.

임신을 하면 여성의 체내에 농축된 니코틴 성분은 자연스럽게 태아에게 전해져 아이는 불행하게도 엄마 뱃 속에서 담배 기운을 먹고 자란다. 여담이지만 심각한 이야기인데, 아이가 '태아 골초'가 되는 것이다. 나중에 결혼한 뒤 임신하면 안 피우면 되겠지? 하지만 그처럼 바보스런 생각은 없다. 체내에 한번 들어간 니코틴 성분은 그 어떤 치료나 약물요법이나 정화수로도 밖으로 배출되지 않는다. 아무리 좋은 산소를 마셔도 니코틴 성분은 밖으로 나오지 않는다는 말이다. 일생 보이지 않는 독으로 몸속에 남아 본인은 물론 태아에게도 악영향을 준다. 참 무서운 일이 아니니?

남자 역시 흡연하면 니코틴 성분이 정자에 영향을 주어 불량 정자를 만들어낸다. 아이와 부인의 건강을 해침은 물론이고. 이제 네 주위에 흡연을 자랑하는 친구가 있다면 내가 한 말을 전해 주어라. 근육을 녹이는 것을 살 빠지는 것으로 오해하여 흡연하지 말라는 것. 멋있어 보이려고, 남녀평등을 실현해 보려고(?) 담배를 피우는 것은 한때의 허영이라고 말이다. 담배 한 모금으로 스트레스를 날려버리려는 직장 여성들은 불행하게도 그 스트레스보다 더 불행한 독소를 몸 안에 쌓아가고 있다. 여성이 진정 미용과 건강을 생각하고, 태어날 아이를 생각한다면 담배를 멀리할 일이다.

사람의 몸은 천차만별이다, 네게 맞는 건강관리를 하라

사랑하는 딸아!

날마다 일상에 쫓기는 수험생이나 근로자들이 틈틈이 활용할 수 있는 건강법은 없을까.

돈과 시간이 많은 사람들이야 골프를 치거나 해외 등반여행을 떠나거나 사우나를 즐기거나 다양한 종류의 웰빙 스타일의 건강 관리법이 있겠지만, 생활에 부대끼는 일반 소시민들은 사실 마음처럼 자기 건강을 돌보기가 쉽지 않다. 건강은 건강할 때 지키라고 말은 쉽게 하면서 막상 행하기는 쉽지 않단다.

이러다가 어느 날 건강이 악화되거나 갑자기 세상을 뜨지 말라는 법이 없다. 건강을 잃는 것은 개미 구멍 하나 때문에 둑이 무너지듯이 서서히 일어난단다. 아버지의 경험에 의하면 뭔가에 몰두하는 경우에는 자기도 모르게 건강을 해치게 되더라.

노화는 30대부터 찾아오다가 40대가 되면 건강 관리를 한 사람과 그렇지 못한 사람 사이에 큰 차이가 난다.

내 생명의 질을 깨끗이, 그리고 오래 보전하기 위한 노력은 자신의 몫이다. 특히 생명을 잉태해야 하는 여자의 건강은 후손에게 절대적인 영향을 준다. 아이가 건강하려면 엄마가 건강해야 한다는 것은 상식이지. 어찌 됐던, 살아있는 동안에는 건강을 유지해야 하고, 건강을 위해 노력해야 한다.

여기서 일상생활 속에서 간단하게 할 수 있는, 내가 실천하려 애쓰는 몇 가지 자기 건강 수련법을 소개하니 참고하기 바란다.

(1) 마음을 평온하게 갖고 자주 웃어라

마음을 평온하게 유지하는 것은 건강의 제1 수칙이다. 모든 질병은 마음에서부터 온다고도 하지 않더냐. 마음의 평온을 유지하려면 욕심을 버리고 분수를 지키는 연습을 해야 한다. 과욕은 치명적인 마음의 병을 가져오고, 그로부터 모든 병이 나온다.

명예욕과 물욕으로 가득한 마음에서 행복한 에너지가 일어날 리가 없다. 그리고 남을 욕하거나 비난하는 순간 내 몸에는 스트레스가 쌓이고, 그것이 독소가 되어 내 몸을 쇠약하게 만든단다. 그러니 이해하고 용서하는 마음으로 생활화하면서 즐겁게 살아야 한다. 그리고 헛웃음이라도 자주 웃어야 한다. 웃음은 마음을 천국으로 데려다 주는 보약이다. 또 한 가지는 소리 내어 좋은 시를 읽거나 요즘은 선시禪詩를 읽기도 한다, 좋은 음악을 듣고, 흥얼흥얼 노래를 불러라. 그러면 마음의 안식이 찾아온다.

(2) 좋은 호흡 방법을 택하여 실천해라

사람은 대기 중의 공기를 마시면서 산다. 입으로 물과 음식을 마신다면 코로는 대기의 기운을 마신다. 그런데 그 마시는 방법이 잘못되어 대기 중에 있는 좋은 기운을 다 받아들이지 못하고 있고, 또 받아들였다고 해도 다 활용하지 못하고 금방 내보내는 경우가 많다.

앞에서도 잠시 소개했지만 '숨 쉬는 요령'에 대해 재삼 강조한다.

'단전호흡'이 중요하다. 배꼽 아래 한 뼘쯤 되는 곳, 모든 기가 모이는 곳이 단전인데, 그곳으로 호흡하는 단전호흡이 호흡 중에 상으로 치는 것이란다. 하지만 특수한 훈련을 받은 사람을 제외하면 단전호흡을 일상적으로 실천하기는 쉽지 않은 일이지. 그래서 나는 '항문 호흡법'을 자주 하고 있고 너에게도 권한다.

여러 차례 말하지만 '항문 호흡'을 하면, 대기 중의 좋은 기운을 잘 받아들일 수 있고, 괄약근이 튼튼해지며, 전립선염이나 치질 등이 예방된다. 또 눈도 맑아진다. 요령은, 숨을 들이쉬면서 항문을 오므리고, 숨을 내쉬면서 항문을 연다. 약 4초씩 간격을 두고 천천히 이 호흡을 20회 정도만 하면 눈물이 나오고 하품이 나온단다. 몸에서 독기가 빠지는 것이지. 그러니 버스나 전철을 타고 갈 때, 혹은 길가에 서 있을 때, 가능하면 걸을 때도 의도적으로 이 호흡을 해보아라. 머리가 한결 맑아지고 숨이 덜 차다. 심호흡을 하는 효과가 있으니까.

(3) 음식 먹는 법을 잘 택해라

식즉명야食卽命也라, 음식 섭취는 사람의 생명과 직결된다고 했다. 음식을 먹는 것은 칼로리를 몸 안에 저장하는 방법이다. 어떤 음식이 좋은가는 다 알려져 있다. 다만 사람은 동물이기 때문에 식물성 음식을 많이 먹어주는 것이 좋다. 소를 보라, 풀만 먹는데도 뼈가 튼튼하고 살이 보드랍고 힘이 넘치지 않니.

우리나라 사람들의 신체 구조는 수천 년 동안의 식습관으로 인해 식물성 식품을 주로 먹도록 되어 있다. 곡류와 채소류, 해조류, 과일 등이 우리 체질에 맞는 것이다. 우리가 주로 먹는 밥은 반드시 곡식의 눈이 살아있는 것을 사용하여 지어야 한다. 그래서 현미가 최고인데, 거기에 다른 잡곡과 대두, 잣 등을 섞으면 더욱 좋다. 현미밥을 먹으면 고기 생각이 안 나며, 머리가 맑아지고 성인병이 예방되고, 장이 튼튼해지고 변비가 예방된다. 거친 곡류의 기운이 장 청소를 해주기 때문이다. 또 현미밥을 먹으면 천천히 오래 씹어 먹어야 하기 때문에 절대로 과식을 못하게 되어 있다. 따라서 비만을 예방할 수 있다. 그리고 모든 식사는 고체식으로 먹어야 한다. 물에 말아먹거나 탕 종류로 먹으면 위에 부담을 주어 건강을 해친다.

소식小食은 세포의 노화를 방지한다. 다행히 너는 소식을 하고 있어서 큰 걱정은 안 한다. 아이들이 비만하고 과체중이 되는 것은 고기와 패스트푸드로 이루어진 서양식 식단 때문이다. 미국에서는 1년에 40만 명이 비만으로 죽는단다. 또 음식은 사람의 체질과 성격까지 변화시킨다. 나중에 아이를 갖게 되면 임산부로서 음식을 잘 선택해서 먹어야 한다.

과일을 먹을 때는 잘 씻어서 껍질까지, 씨까지 다 먹어야 몸에 이롭다. 김희애라는 탤런트를 보면 피부가 해맑은데, 그녀의 비법은 포도씨를 갈아서 다 먹는다고 한다. 그리고 물은 깨끗한 생수가 최고이다. 탄산음료는 위를 자극하고 비만을 유발하니 삼가거라.

(4) 적당한 운동은 세포를 살린다

너는 운동을 게을리해서 탈이다. 인간은 걷거나 뛰거나 굴신운동을 하면서 살아가는 존재이다. 따라서 최소한 걷기와 달리기, 체조 등을 통해서 몸을 유연하게 풀어주는 것은 육체 건강에 필수적이다.

위와 장이 음식을 먹고, 폐가 숨을 쉬듯이 뼈와 살도 움직여줘야 한다. 그렇지 않으면 굳어지고 탄력을 잃고 만다.

아침에 일어나면 '도인체조'를 하는 것이 좋다. 방안에서 앉거나 눕거나 선 채로 온몸의 기를 회전시켜 활기를 일으키는 방법이다. 그도 아니면 아버지가 하듯이 108배를 하여라. 약 20분에 걸쳐 108배를 하면 이마에 땀이 맺히고, 기분이 상쾌해진다. 그 땀을 미지근한 물로 씻어내고 아침밥을 먹으면 그리도 기분이 좋다. 하루 내내 상쾌한 기분으로 지낼 수가 있단다.

낮에는오후 1시간 정도 걸어야 한다. 직장인이라면 출퇴근 시간에 적어도 4킬로미터는 걸어줘야 한다. 걷기는 사람에게 활력을 주고 사고력을 키워주며 관찰력까지 얻게 해준다. 나는 전철역이나 버스정류장까지 아침저녁으로 최소한 30분은 걷는다. 바삐 사는 사람은 일상생활을 운동과 연계하여 하는 것이 좋더구나.

집 주위에 야트막한 야산이 있는 사람은 천혜의 복을 받은 사람이다. 주말이나 퇴근 후에 자주 올라가 근력을 키워주면 뼈와 근육과 폐가 좋아진다. 운동이나 노동을 통해 흘리는 땀 속에는 노폐물이 가득 섞여 나와 몸에 이롭지만, 사우나를 통해 흘리는 땀은 몸의 진액을 억지로 배출시키는 것이므로 도리어 몸에 해롭다. 찜질이나 사우나를 할 경우에는 처음부터 뜨거운 곳에 들어가지 말고 사람의 체온과 같은 온도에서부터 서서히 높여가는 것이 좋다.

사무실에서는 자주 스트레칭을 해주는 것이 좋다. 손을 자주 씻는 것도 좋은 운동 방법이다. 손을 씻기 위해 움직이게 되고, 손을 씻는 동안 눈이 맑아지며, 감기가 예방된다. 다만 위층이나 아래층의 화장실을 이용하여 몇 발자국이라도 몸을 더 움직이도록 해야 한다. 그리고 5층 정도의 건물이라면 걸어서 올라가는 습관을 들여야 한다. 걷는 것이 보약이라는 명귀를 잊지 말기 바란다.

(5) 체온을 잘 다스려라

인간의 체온은 늘 일정한 온도를 유지해야 한다. 추위와 더위에도 항상 온도를 유지하도록 하는 것이 좋다.

내 몸의 체온을 다스리는 기본 철학은 천수지화인목天水地火人木의 이치이다. 하늘은 물의 기운이고 땅은 불의 기운이며, 그 가운데 서있는 사람은 나무와 같아야 한다. 이것은 머리는 차게, 발은 따뜻하게 하라는 이치다.

머리를 차게 해야 뇌의 활동이 원활해져서 건강에 좋다. 그리고 나이 들어갈수록 발을 다습게 해야 하는데, 발과 발목뿐만 아니라 무릎과 아랫배까지 다습게 해줘야 한다. 이른바 두한족열頭寒足熱의 이치를 실천해야 한다.

추운 겨울날에는 노인은 머리에 모자를 써서 열이 날아가는 것을 막아야 하지만, 젊은이들은 모자를 벗어서 몸의 열기를 위로 빼내어 줘야 한다. 젊은이가 모자를 항상 착용하면 머리가 나빠지고 자주 졸리며 창백해지고 탈모가 쉽게 온다.

그리고 자기 손으로 자기 몸을 자주 마사지해 줌으로써 제 몸의 기를 재활용해야 한다. 남에게 의지하기보다 자주 자기 손을 이용하여 몸이나 손발을 문지르고 두드려 주며, 귀를 자주 마사지해 주면 혈행血行에 좋다.

(6) 금연은 몸을 곱게 가꾸는 비결이다

인간의 폐는 항상 맑은 공기를 요구한다. 그래서 호흡을 한다. 그런데 그 요구에 반역하는 것이 흡연이다. 연기를 자기 폐에 넣어주면서 건강한 폐를 갖게 되기를 바란다는 것은 자기기만이 아니겠니? 흡연은 폐와 뇌를 약하게 하고, 피를 탁하게 하며, 피부모발까지를 건조하게 만든다. 흡연하는 여성의 모발을 푸석하고 꺼칠하다. 하루 한 갑의 담배는 아무리 건강한 체질을 가지고 태어난 사람일지라도 5년의 수명 단축을 가져온다고 한다. 그리고 흡연은 주위 사람들에게 해를 끼치는 죄악이다. 이웃을 사랑하려면 자기부터 금연해야 한다.

앞에서도 말했지만 흡연은 살이 빠지는 것이 아니라 근육이 줄어든다. 그래서 몸이 가벼워 보이지만 한번 줄어든 근육을 다시 만들어내기는 거의 불가능하다. 나이가 들수록 근육무력증이 생기고, 근육이 없으니 관절과 뼈가 아프게 된다.

그리고 한번 몸 안에 들어가 농축된 니코틴은 죽을 때까지 몸 밖으로 배출되지 않기 때문에 여자가 담배를 피우면 나중에 아이를 가졌을 때 태중의 아이에게까지 큰 문제가 된단다.

하나만 더 말하마. 어른이 흡연하면서 아이들에게 담배 피우면 해롭다고 말리는 것을 아이들은 믿지 않는다. 몸에 나쁘다면서 어른들이 피우는 것을 보면 어린아이들을 속이는 것이라고 생각하는 것이다. 배우자와 자녀를 진정 사랑한다면 금연부터 실천해야 한다. 혹시 네 신랑될 사람이 담배를 피운다면 꼭 금연을 시켜라. 아니 금연 후에 만나자고 하거라. 그만큼 흡연은 마약과 같이 온 식구를 병들게 하는 것이니까.

(7) 절주節酒하면 몸에 큰 도움이 된다

살아가면서 특히 직장생활을 하면서 술을 피할 수는 없다. 하지만 '적당히' 라는 기준은 꼭 지켜주길 바란다. 왜냐하면 술은 과음하면 심장을 약하게 만들어 수명을 단축시키기 때문이다. 술은 액체이기 때문에 흡수가 빨라서 알코올 기운이 피에 실려 온몸을 돌며 심장박동 속도를 증가시키고, 뇌에까지 올라가 뇌세포를 약하게 만든다.

어떤 젊은이들은 "필름이 끊길 때까지 마셨다."라고 무용담을 자랑하듯 말하지만, 그는 이미 정신뇌적으로 한번 사망을 체험한 것과 같다. 참 우둔한 짓이다.

과음은 심장병을 유발하며, 지나치면 정신이상까지 가져와 폐인이 된다. 알코올중독은 자율신경을 파괴하여 신경이 둔해지고 감각이 무뎌지며, 몸이 차져서 40대 후반부터 중풍이 온다. 주위에 어른들을 보면 중풍환자가 의외로 많음을 알 것이다. 그들이 모두 술 때문은 아니지만 과음과 폭음으로 알코올중독에 걸린 결과 근육이 활동을 멈춘 경우가 많다. 중풍이란 혈액순환이 안 되고 몸이 차진 증상인데 술이 이것을 더욱 악화시킨다.

그리고 과음은 남자의 정자의 수를 줄이고 약하게 만들어 튼튼한 후손을 낳는데 실패하게 되며, 심하면 무정자 불임이 된다. 여자의 경우도 마찬가지여서 과음은 피를 탁하게 하고 난자를 불량하게 만들 뿐만 아니라 정신까지 황폐하게 만든다.

(8) 어디엔가 의지처를 가져라

사람은 외로운 존재이다. 따라서 마음이 약해지는 것을 막기 위해 어디엔가 마음의 의지처를 가져야 한다. 물론 배우자와의 사랑이 가장 큰 의지처가 된다. 그 외에도 학문 연구, 종교 및 신앙 활동, 예술 창작 활동, 봉사활동, 테마 여행, 진정한 우정과 친교 등을 통해 외로움을 이겨낼 수 있을 것이다.

아무리 의지가 강한 사람일지라도 혼자서 오래 생활하면 마음이 약해지고, 점차 자신의 기를 약하게 만든다. 기가 약해지면 몸이 쇠약해지고 만다. 그러니까 나이가 들어갈수록 사람들 속으로 자꾸 파고들어가 그들과 함께 해야 한다.

'목 숨'은 버려야 건강하게 장수한다?

사랑하는 딸아!

오늘은 숨 쉬는 문제를 좀 생각해 보자.

사람은 숨을 못 쉬면 죽는다는 것은 상식이지. 그래서 공기는 밥과 물보다 더 중요한 존재이다. 과거에는 먹을거리를 찾아 이동했지만 지금은 좋은 공기를 찾아 사람들이 이동하기도 한다.

좋은 공기를 잘 들이마시는 방법을 호흡법이라 하여, 사람들은 가장 좋은 호흡법을 찾아내려고 온갖 노력을 다 하고 있단다.

좋은 먹을거리도 요리해 먹는 법에 따라 영양이 다르듯이 공기도 호흡하는 방식에 따라 효험이 다르다고 한다. 웰빙이라는 화두가 참 희한한 세상을 만들어내고 있는 것이지.

가장 좋은 호흡법은 '용천龍泉 호흡'과 '항문 호흡'이라고 한다 .

이 두 가지는 신생아들이 숨 쉬는 방법이다. 너도 아이를 낳아 키워 보면 알겠지만 신생아들은 발바닥과 항문으로 숨을 쉰다. 그러다가 나이가 들면 단전아랫배으로 숨을 쉬고, 더 나이가 들면 가슴으로 숨을 쉬다가 더 늙으면 목으로 숨을 쉰다.

목으로 숨을 쉬는 방법을 '목 숨'이라 하는데, 이 호흡법은 가장 좋지 않은 방법이다. 목구멍으로 깔딱거리는 호흡법으로는 좋은 공기와 공기 중의 영양소를 깊이 체내에 들여 마실 수가 없기 때문이지.

그래서 사람은 나이가 들어가면서 최소한 단전호흡으로 바꿔야 한단다. 평소에 단전호흡은 항문 호흡으로 실천할 수 있다. 어떻게 하느냐구? 앞에서 말한 바 있지만, 아주 중요한 것이라 다시 한 번 설명하마. 항문을 오므리면서 숨을 들이쉬고, 항문을 펴면서 숨을 내뱉으면 자연스레 단전호흡까지 된다. 이 항문 호흡을 하면 하품이 절로 나와 몸 안의 노폐물이 빠져나가고, 눈물이 나와 눈을 맑게 해준다. 항문에 힘을 주니 괄약근도 튼튼해지고 정력이 좋아지고, 전립선염과 치질 등의 질병도 어느 정도 예방된다. 복부 비만에도 효과가 있다고 한다.

나는 이를 실천하고 있는데, 출근 시간에는 반드시 버스나 지하철 안에서 이 항문 호흡을 통해 노폐물을 내보낸다. 아울러 열 손가락 뒷부분을 문질러서 기를 소통시키기도 한다. 하루에 출퇴근 시 한 시간만 의도적으로 해보면 기분이 상쾌해지고 머리가 맑아지고, 출근 즉시 일에 매달리기가 쉽다.

제발, '목 숨'은 버리거라. 목으로 가쁜 숨을 쉬는 것은 금방 머리를 혼탁하게 만드는 방법이요, 죽음 직전의 호흡법이다

자가용을 버리면서 얻은 소중한 가치들

딸아! 내 손에서 자가용이 멀어진지 6년이 되는구나.

요즘 같은 고유가 시대에는 차라리 잘했다는 생각이 든다.

날씨가 추워지면서 길이 미끄럽고, 차가 밀리는 바람에 도로와 골목마다 차 범벅이 되어 정말 난리들이다. 왜 그리도 자가용을 몰고 나가려고 난리들인지. 추우니까 도로 가에 서서 버스를 기다리기가 싫은 탓일까. 아니면 자가용을 타야 사람대접을 해주는 세태 탓일까. 물론 자가용을 생업 수단으로 이용하는 사람들도 있겠지만, 우리나라 사람들의 자가용 선호도는 거의 병적이다. 궂은 날씨이거나, 교통 혼잡이 예상되는 때는 대중교통 수단을 이용하는 것이 훨씬 경제적이고 시간 약속도 잘 지켜지고, 스트레스도 덜 받는다는 것을 체험적으로 알고 있지 않은가. 그런데도 '자가용을 산 것은 편하게 살기 위한 것이 아니냐.'며 요령부득으로 차를 끌고 나오니 편함보다는 서로가 고생이다. 아니 대중교통을 이용하는 시민들이 더 피해를 당하는 셈이다.

지난 번 어느 신문에는 환경 포럼에 참석하는 사람들이 자가용을 몰고 오는 바람에 회의장 일대가 극심한 교통 혼잡으로 고생하는 사진이 실렸었다. 자기 차가 배출하는 배기가스부터 줄이는 일이 환경 문제를 해결하는 가장 빠른 길이라는 것을 모르는가 보다.

연세대 황수관 박사는 어느 강연에서 '자가용은 자기의 영구차'라고 지적해 주었다. 교통사고가 다발하는 사회, 차를 타는 바람에 신체가 약해져 빨리 죽는 것을 빗대서 한 말이지만, 나는 그의 말을 듣고 무릎을 쳤다. 그 뒤로 자가용을 치웠다. 그리고 대중교통의 마니아, 걸어 다니기의 마니아가 됐다.

지방에 강연을 갈 때도 버스와 기차를 주로 타고, 시간이 촉박할 때는 부분적으로 택시를 이용한다. 아니면 하루 전에 현지에 도착하여 여유를 갖고 풍물과 자연을 둘러본다. 차를 버린 뒤부터 참 많은 것을 얻었다.

첫째, 다리가 튼튼해지고 폐활량이 좋아졌고, 두통과 빈혈 현상이 없어졌다. 아마 운동량이 늘어난 때문일 것이다.

둘째, 돈이 절약되어 다른 용도에 쓸 수 있게 되었다.

셋째, 걸어 다니며 명상 산책을 하고, 이것저것 살펴보는 일 등을 통해 글감과 강연 자료가 풍부해졌다.

넷째, 남을 이해하고 배려하는 마음의 여유가 생겼다.

지금도 버스 창밖을 통해 혼잡한 도로에 늘어서 있는 자가용들을 보면 측은한 마음이 든다. 땅도 좁은 나라, 대중교통이 사통팔달한 나라에서 자가용을 몰고 다녀야 삶의 질이 높아지는 것일까?

남에게 보여주기 위한 삶은 살지 말자, 딸아!

젊은 여성들의 '배꼽티 , 꼭 입어야 하나

사랑하는 내 딸아!

한국인은 유전적으로 또는 지리 지형적으로 서양인과 달라 생활 방식에 많은 차이가 있다.

정신세계는 물론 의식주 모두가 다르다.

여기서는 옷에 대해서만 생각해 보자. 양복이라 부르는 옷을 보면 다분히 지중해성 기후의 산물이다. 습기가 많이 차는 곳에 사는 사람들이 몸에 습기 차는 것을 예방하려고 만든 옷으로 앞섶이 모두 터져 있다. 남자의 양복이나 여성의 양장 모두 이에 속한다. 공기 출입이 자유롭게 만든 디자인은 건강을 위한 불가피한 선택이다. 멋을 부리려고 그렇게 만든 것이 아니다. 여성들의 옷 디자인을 보면 등을 깊게 파고 어깨를 많이 드러내는 것도 자연광을 좀 더 많이 받고자 하는 건강을 위한 열망 때문이란다.

반면에 우리나라 기후는 지중해성이 아니라 대륙성이다. 그래서 습기가 많은 여름 및 두어 달을 제외하곤 1년 내내 거의 건조하고 선선하고 차다. 그래서 옷도 온 몸을 다 덮도록 만들어 입는다. 한복을 보라, 온몸을 다 덮고도 아름답게 보이지 않은가. 뜨거운 태양이 비치는 한여름에도 옷을 벗기보다는 도리어 옷을 입어야 선선한 것이 우리나라 기후이다. 아주 더울 때를 대비해서 모시옷 같은 것이 나오긴 해도 역시 온몸을 감싼다.

특히 아랫배를 따뜻하게 하는 것이 우리옷의 기본이다. 우리 체질상 아랫배를 차게 하면 온몸에 한기가 스며들어 건강을 해치게 되어 있다.

우리나라에 위와 장이 나쁜 사람이 많은 것도 여기에서 연유한다. 고로 남녀노소를 막론하고 옷을 입을 때는 아랫배를 다습게 해야 한다. 그러나 요즘에는 서구 패션의 영향으로 젊은 여성들이 배꼽티와 미니스커트, 골반바지와 팬티스타킹 등을 즐겨 입는다.

영하 10도가 넘는 추위에 발발 떨면서도 그런 옷을 입고 길거리를 걷는 것을 보면 안쓰럽다 못해 불쌍하고, 저렇게도 스스로의 체질과 건강에 관심이 없을까 걱정된다. 멋도 좋고 패션도 좋지만 배를 차게 하거나 얼리면, 특히 몸의 중심부인 배꼽을 얼리면 온 몸에 한기가 스며들어 평생을 냉증으로 고생하고, 나중에 임신 후에도 태아에게 좋은 영향을 주지 못한다. '머리는 차게 하고 발은 다습게' 하는 것은 한국인의 체질에 알맞는 건강 패션이다. 여기서 말하는 발이란 복부 이하를 말하기 때문에 당연히 복부도 다습게 해야 한다. 그런데 이와는 정반대로 나가는 젊은 여성들이 있어 걱정이다. 머리는 모자를 써서 뜨겁게 하고, 배와 다리는 다 내놓고, 발은 작고 차가운 가죽에 담아 고통을 강요하고 있다. 이처럼 제 몸을 학대하는 사람은 건강할 수가 없다. 특히 결혼한 새댁들이 유행에 뒤질세라 이런 모습을 하고 다닌다면 건강에 해롭고, 자녀들에게도 좋지 않은 영향을 준다. 아무리 옷이 날개라지만 옷의 1차적인 목적은 신체 보호라는 것을 잊지 말자.

나는 결혼 30년이 돼서야 아내를 이해했다

첫눈에 반하여 내가 그녀를 약탈하듯이 데려온 지 40년이 된다.

최전방 산골 군부대에 근무하던 육군 소위였던 나는 어느 눈 내린 새벽에 인근 부대에 근무하는 오빠를 면회 온 그녀에게 빠져버렸다. 눈처럼 하얀 피부에 오뚝한 콧날, 큰 키에 까만 외투를 걸치고 눈 위를 성큼성큼 걸어오는 그녀는 분명 천상에서 내려온 선녀였다. 하여 단 3개월 만에 그녀를 내 아내로 만들었다.

그러나 60년대 후반의 전방 생활은 너무 춥고 배고팠다. 더구나 이리저리 전출 다니는 초급장교로서는 신혼의 단꿈은커녕 아내를 살뜰히 챙겨줄 수조차 없었다.

1970년 1월 22일, 내가 최전방으로 떠난 뒤 강추위 속에서 혼자 첫아이를 낳은 뒤 쓰러진 아내는, 주위의 도움으로 겨우 살아났다. 그 뒤로 살아온 세월에 대해서는 그만하자. 아내에게 큰 죄를 지었으므로. 여기서 내가 말하고자 하는 것은 그렇게 어렵게 만난 우리 부부는 지독히도 어울리지 않는 성격을 지녔다는 점이다. 첫아이가 돌을 지나면서부터 나는 아내의 성격이나 행동을 도대체 이해할 수가 없었다.

나는 차분한데 아내는 덜렁댄다. 내가 내향적인데 반해 아내는 외향적이어서 자기중심적으로 행동하고 또 사람 사귀기를 좋아한다. 나는 혼자 집안에서 조용히 있기를 좋아하지만 아내는 나다녀야 직성이 풀리는 성미이다. 집에 가만있으면 소화가 안 된다고 한다. 그게 불만이었는데 이제는 이해한다. 각자 성격이 다르다는 것과 기(氣)를 얻는 방법이 서로 달라서, 나는 혼자 있어야 하지만 아내는 여러 사람을 만나야 한다는 것을 알았다. 조신하게 집안 살림이나 하고 책을 읽거나 뜨개질을 하거나 했으면 좋으련만 그것은 나의 희망 사항이다. 아내의 표현대로라면 열불이 나서 못하겠단다. 물론 지저분한 것을 못 보는 성미라서 청소와 정리정돈은 잘하여 항상 집안이 깔끔하다. 나는 반대이다. 책상 위나 컴퓨터 주변에 하던 일을 치우지 않고 늘어놓아 지저분하다. 그래서 부부는 다툰다. 덜렁대는 아내와 차분한 나의 성격은 이 점에서는 또 반대이다. 그리고 나는 이성적인데 반해 아내는 대단히 감성적이다. 그래서 남과 잘 다투고 싸우고 또 잘 화해한다. 전화를 해도 싸움질하듯 말하여 곁에 있는 내가 조마조마하다. 아내는 통이 크다. 생선을 사도 짝으로 사다가 이웃과 나누어 먹고, 저장하고, 아들 집에도 가져다 준다. 그것을 보면서 나는 늘 "저래서 언제 부자 되나." 라고 타박을 하지만 아내는 전혀 생각이 다르다. 모처럼 수산시장에 가는데, 비싼 교통비 들여서 달랑 생선 두어 마리 사들고 오라는 거냐는 말이다. 두고두고 먹으면 좀 좋으냐. 남자가 그런 배포로 무슨 큰일을 하겠느냐고 타박이다. 듣고 보면 다 맞는 말이다.

그리고 쇼핑은 여자의 본능(?)이라지만 크고 작은 지갑과 핸드백이 여러 개인데도 가방만 보면 사고 싶어 안달이다. 자기 옷도 많은데 비싼 옷을 아니지만 입고 나갈 옷이 없다고 울상이다. 내 양복은 10년 전 것부터 사시사철 것 합쳐 열 벌이 안 되고 대부분 낡고 색이 바래서 못 입고 춘추복과 하복, 동복 각각 2벌 정도로 버틴다. 이런 얘기를 늘어놓으면 아내는 또 쪼잔한 남자라고 나를 힐난하려 들 것이다.

한마디로 아내는 통 큰 여자다. 내가 그런 말을 하면 자기가 남자로 태어났다면 뭔가 해냈을 거라며 속 좁은 나를 보고 눈을 흘긴다.

이런 얘기를 늘어놓는 것은 아내를 공박하거나 흉보려는 것이 아니다. 부부가 서로 다르다는 것을 설명하다 보니 이렇게 됐다. 하지만 아내 역시 이제는 나와 자기가 많이 다름을 조금은 이해하는 것 같다.

그런데 아내가 나의 옹졸함을 깨부숴 나를 이끈 성공 사례가 있다. 그것은 고졸 학력인 나를 서울대에서 석사모를 쓰게 만든 일대 사건이다. 남자는 배워야 미래가 있는 법이라면서 30대 초반부터 고생을 하며 나를 그렇게 독려했다. 그게 아내 말대로 선견지명이다. 그리고 아이들을 강하게 키워내려고 무던히 애를 쓴다. 직관이 뛰어난 아내는 세상물정에 나보다 밝아서 삶의 구렁텅이를 잘 헤쳐 나간다. 한마디로 억척녀이다.

자, 아내에 대한 불평을 늘어놓는 것은 바보 남편이나 할 짓이니 이쯤 해두자. 이런 글을 쓴 줄 알면 또 얼마나 우렁댈지 모른다. 나는 이런 아내를 이해하기가 힘들어서 내가 원하는 방향으로 이끌어보려고 무던히도 애를 썼다. 하지만 어느 날 곰곰 생각하니, 나는 얼마나 잘났는가. 내가 아내의 허점이나 약점에 못마땅해 하듯이 아내도 나에 대해 그럴 것이 아닌가, 하는 생각이 들었다.

그리고 아내의 애정이 지극하고, 가족에 대한 헌신이 눈물겨운 것, 젊어 보양을 시켜주지 못한 탓에 나이 들어가면서 자주 몸이 아픈 것이 내 책임으로 느껴졌고, 내가 부자였다면 또 포용력 있고 능력 있는 남자였다면 아내의 저 성격을 더 잘 맞췄을 텐데 그러지 못한 것도 내 탓이라 생각하기 시작했다. 개인차라는 것, 사람은 다 성격과 기질이 다르다는 것을 아내를 만난 지 30년이 돼서야 이해하게 되었다. 참으로 웃기는 얘기지만, 아마 세상의 부부들은 어느 정도 내 생각에 동의할 것이다.

이제는 아내가 내 앞에서 큰 방귀를 뀌어도 '음, 이제 소화가 잘 되는가 봐.' 라고 할 정도가 되었다. 사랑의 기초는 서로가 다름을 인정하는 것이라는 사실을 결혼한 지 30여 년이 되어서야 알다니 나도 참 속 좁은 남자요, 아내 말대로 하면 '밴댕이 쫌보' 이다.

그리고 이제 늙은 아내가 곱게 보이니 얼마나 좋은가.